큰별쌤 최태성의 별★별 한국사 ❶ 선사 시대와 국가의 등장

초판 1쇄 발행 2021년 10월 20일 | 초판 19쇄 발행 2025년 8월 18일
글 최태성 | 그림 김규택 | 연구 별★별한국사연구소 곽승연 이상선 김혜진 | 펴낸이 최순영
교양 학습 팀장 김솔미 | 편집 김희선, 최란경 | 키즈 디자인 팀장 이수현 | 디자인 하늘·민
펴낸곳 (주)위즈덤하우스 | 출판등록 2000년 5월 23일 제13-1071호 | 주소 서울특별시 마포구 양화로 19 합정오피스빌딩 17층
전화 02) 2179-5600 | 홈페이지 www.wisdomhouse.co.kr | 전자우편 kids@wisdomhouse.co.kr

글 ⓒ 최태성, 그림 ⓒ 김규택, 2021
ISBN 979-11-91766-72-1 74910 · 979-11-91766-71-4(세트)

＊이 책의 전부 또는 일부 내용을 재사용하려면 반드시 사전에 저작권자와 ㈜위즈덤하우스의 동의를 받아야 합니다.
＊인쇄·제작 및 유통상의 파본 도서는 구입하신 서점에서 바꿔드립니다.
＊책값은 뒤표지에 있습니다.

일러두기
1. 띄어쓰기와 맞춤법은 국립국어원 표기 원칙에 따랐습니다.
2. 지명, 유물명, 지도와 같은 자료는 주로 초등학교 사회 교과서와 중학교 역사 교과서(비상교육)를 참고하였습니다.
3. 본문에 나오는 책이나 신문의 이름에는 《 》를, 그림이나 글의 제목에는 〈 〉를 붙였습니다.
 단, 그림이나 사진 설명에는 예외를 두었습니다.

1 선사 시대와 국가의 등장

큰별쌤 최태성의 별★별 한국사

글 최태성 · 그림 김규택

위즈덤하우스

들어가는 글

안녕? 한국사 길잡이 큰★별쌤이에요.

요즘 한국사는 영어보다 더 귀한 대접을 받고 있는 듯합니다. 공무원, 공사, 학교, 사기업 할 것 없이 한국사 자격증을 요구하고 있기 때문입니다. 49만 명이 응시하는 대학수학능력시험보다 더 많은 응시생인 53만 명이 응시하는 한국사능력검정시험이 한국사 열풍의 근거라 할 수 있습니다.

초등학교 역시 예외는 아닙니다. 한국사능력검정시험에 응시할 뿐 아니라 제가 운영하는 유튜브 최태성1tv에서 매주 금요일 라이브 방송이 열리면 초등학생들이 많이 참여합니다. 기특하게도 초등학생들은 점잖게 게시판 예의도 잘 지킵니다.

역사는 사실을 암기해서 시험 문제를 푸는 과목이 아닙니다. 역사는 사람을 만나는 인문학입니다. 과거의 사람을 마주하며 그 사람의 삶을 통해 자신이 어떻게 살 것인지를 고민하는 지점이 형성되었을 때 비로소 우리는 역사를 배웠다고 할 수 있습니다. 《큰별쌤 최태성의 별★별 한국사》를 집필하면서 여러분들에게 꼭 알려 주고 싶은 것도 이 부분입니다. 또 개별적 사실만을 많이 알고 있는 것보다 하나의 사실을 알더라도 그 사실이 가지고 있는 의미를 자신의 삶에 적용시켜 볼 수 있도록 했습니다. 역사는 과거와 현재의 대화라는 명제를 녹여 보고 싶었습니다.

예를 들면, 우리나라 최초의 국가 고조선을 이야기하면서 고조선의 건국 이념이 홍익인간이라는 단순한 사실을 알려 주는 데 그치지 않고, 누군가에게 도움을 주기 위해, 세상을 더 건강하게 만들기 위해 세워진 나라가 고조선이라는 점을 이야기하고 싶었습니다. 우리나라 출발이 그러한 역사를 가지고 있으니 이 책을 읽는 여러분들 역시 어떤 도움을 줄 수 있을지 고민해 보자고 이야기하고 싶었습니다.

학생들에게 꿈을 물어보면 예외 없이 판사, 의사, 변호사, 교사처럼 명사로만 답을 합니다. 그러나 명사로 답한 꿈은 그저 직업일 뿐입니다. 그 직업을 가지고 자신이 누군가에게 어떤 도움을 줄 수 있을지 고민하고 실천하는 동사의 꿈을 이야기해 주면 좋겠습니다. 사람이 사람다워짐은 바로 연대하고 협력하는 모습일 때라는 걸 잊지 말았으면 합니다.

이 책은 꿈을 꾸었던 과거의 사람들을 만나면서 자신의 꿈도 동사로 만들어 가는 여러분들의 모습을 상상하며 설레는 마음으로 썼습니다. 역사적 사실을 차분하게 알려 주면서, 사실들의 여백 속에 동사의 꿈을 자극하고 영감을 줄 수 있는 글을 채우려 노력했습니다.

이 책을 읽은 여러분들이 한국사능력검정시험에 도전해 보면 좋겠습니다. 또 책을 읽으면서 역사를 바라보는 건강한 시선을 갖추면 좋겠습니다. 여러분들이 건강한 시민으로 성장하면, 여러분들이 이끌 대한민국은 더 사람 내음 나는 행복한 세상이 될 겁니다.

아무쪼록 재미있게, 의미있게 《큰별쌤 최태성의 별★별 한국사》를 즐겨 주길 바라며, 이 책을 읽는 여러분들의 건강한 성장을 응원하며 글을 마칩니다.

한국사 길잡이 큰별쌤 최태성 올림

1. 구석기 시대의 생활 모습 · 10

- 뗀석기 · 12
- 무리 사회 · 16
- 이동 생활 · 17
- 불의 사용 · 18

큰★별쌤 한판 정리 · 20
큰★별쌤 별별 퀴즈 · 22
큰★별쌤 별별 특강 · 24
도전! 한국사능력검정시험 · 26

2. 신석기 시대의 생활 모습 · 28

- 농경의 시작 · 30
- 간석기 · 31
- 빗살무늬 토기 · 34
- 가락바퀴와 뼈바늘 · 36
- 움집 · 38

큰★별쌤 한판 정리 · 40
큰★별쌤 별별 퀴즈 · 42
큰★별쌤 별별 특강 · 44
도전! 한국사능력검정시험 · 46

3. 청동기 시대의 생활 모습 · 48

- 청동기 · 50
- 벼농사의 시작 · 52
- 민무늬 토기 · 54
- 계급의 발생 · 56
- 고인돌 · 58

큰★별쌤 한판 정리 · 60
큰★별쌤 별별 퀴즈 · 62
큰★별쌤 별별 특강 · 64
도전! 한국사능력검정시험 · 66

4. 고조선의 건국과 성장 · 68

고조선 건국 · 70
8조법 · 74
철기의 수용 · 76
위만의 집권 · 78

큰★별쌤 한판 정리 · 80
큰★별쌤 별별 퀴즈 · 82
큰★별쌤 별별 특강 · 84
도전! 한국사능력검정시험 · 86

5. 여러 나라의 성장 · 88

부여 · 90
고구려 · 91
옥저와 동예 · 92
삼한 · 93

큰★별쌤 한판 정리 · 94
큰★별쌤 별별 퀴즈 · 96
큰★별쌤 별별 특강 · 98
도전! 한국사능력검정시험 · 100

정답 · 102
찾아보기 · 103
사진 제공 · 104

책 구성 소개

역사는 사람입니다. 역사 속 사람들의 삶과 지금 우리의 삶이 다르지 않다는 것을 한국사 여행을 통해 배웁니다. 큰별쌤과 함께 신나는 한국사 여행을 떠나 볼까요?

★ 각 단원에서 다룰 내용을 간추려 **핵심 내용만 요약**했어요.
★ 각 단원에 있는 **QR 코드**로 최태성 선생님의 강의를 들을 수 있어요.

★ 꼭 알아야 할 핵심 단어와 핵심 문장을 **제목으로** 구성해 **역사 흐름이 한눈에** 보여요.

500만 수강생이 들은 한국사 1타 강사 최태성 선생님이 핵심만 쏙쏙!

청동기 ★ 금속 도구를 만들어 사용하다

민무늬 토기 ★ 토기 제작 기술이 발전하다

고인돌 ★ 강한 힘을 가진 지배자가 등장하다

청동기 시대 사람들은 커다란 돌로 무덤을 만들었어. 이 돌무덤을 **고인돌**이라고 해. 받침돌이 커다란 덮개돌을 고이고 있다고 해서 붙여진 이름이야. 고인돌의

큰★별쌤 한판 정리

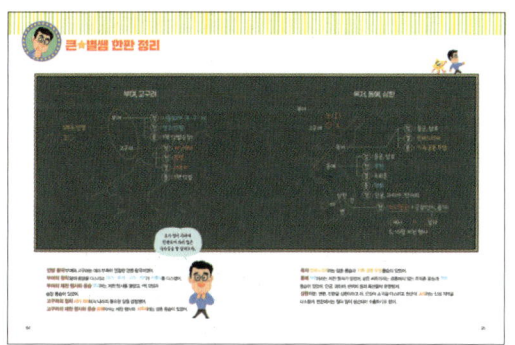

★ 한판 정리로 깔끔하게 한국사를 정리해요.

큰★별쌤 별별 퀴즈

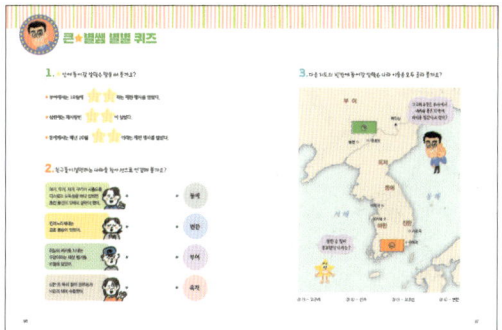

★ 별별 퀴즈로 공부한 내용을 확인해요.

큰★별쌤 별별 특강

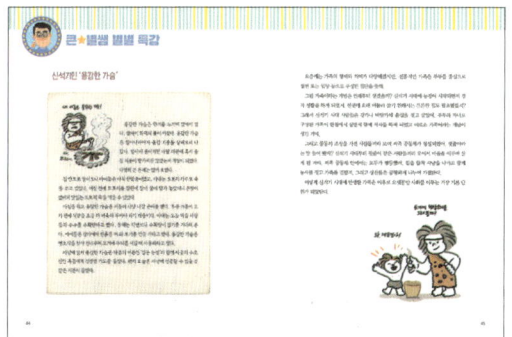

★ 역사 속 사람들을 통해 살아 있는 역사를 만나요.

도전! 한국사능력검정시험

★ 한국사능력검정시험 기출문제에 도전해 보아요.

최고예요!

큰별쌤과 함께라면 한국사 어렵지 않아요!

1. 구석기 시대의 생활 모습

 우리는 지구에 등장한 최초의 인류를 만나 볼 거야. 최초의 인류라니, 정말 궁금하지? 인류는 지구가 생겨났을 때부터 살았을까? 그렇지 않아. 지구는 지금으로부터 약 46억 년 전에 탄생했다고 해. 46억 년이라니! 얼마나 긴 시간인지 짐작도 되지 않지? 아주 오래된 옛날인 건 틀림없어. 지구가 생긴 뒤 오랫동안 지구에는 사람이 살지 않았어. 인류는 지금으로부터 약 600만 년 전에 지구에 등장한 것으로 추정돼. 오랜 지구의 시간에 비하면 비교적 최근의 일이야.

 처음 인류의 모습은 어땠을까? 초기 인류의 모습은 고릴라나 침팬지에 가까운 모습이었다고 해. 생각했던 모습과 다르다고 실망하지는 마. 점차 인류의 모습은 달라지기 시작했어. 혹시 '오스트랄로피테쿠스 아파렌시스'라는 말을 들어 본 적 있니? 발음하기 어렵지만 재미있는 말이지? 오스트랄로피테쿠스 아파렌시스는 아프리카 동남쪽 지역에서 약 390만 년 전에 살았던 인류를 부르는 말이야. 라틴어로 '남쪽의 원숭이'라는 뜻이지. 한번 따라 불러 봐. "오스트랄로피테쿠스 아파렌시스!" 마법 주문 같다고? 맞아, 지금부터 마법과 같은 한국사 여행을 떠나자. 출발!

약 50만 년 전 한반도에서
구석기 시대 시작

뗀석기 ★ 돌을 깨뜨려 사용하다

오스트랄로피테쿠스 아파렌시스 이후 인류는 점점 진화하면서 뇌 용량이 커지고 두 손을 자유롭게 사용할 수 있게 되었어. 두 손이 자유로워진 인류는 도구를 만들어 사용했지. 인류가 어떻게 도구를 발전시키며 생활했는지 한번 살펴볼까?

우리가 그 당시 인류라고 생각해 보자. 무엇부터 해야 할까? 맞아, 예나 지금이나 배고픈 건 못 참아. 먹을 만한 것을 먼저 찾아봐야 해. 근처에 열매가 열리는 나무가 있으면 천만다행이야. 그런 나무를 못 찾으면 풀뿌리를 캐 먹거나 동물을 사냥해야 해.

이렇게 식물을 채집하거나 동물을 사냥할 때 무엇을 이용했을까? 주변에서 쉽게 구할 수 있는 걸 이용했겠지? 바로 돌멩이야. 주위에 있는 돌멩이를 집어 던져서 대롱대롱 매달려 있는 열매를 떨어뜨리거나 동물을 맞혔을 거야. 그러다가 우연히 돌멩이끼리 부딪쳐 깨뜨렸더니 돌멩이가 뾰족하고 날카로워진다는 것을 알게 되었지. 뾰족하고 날카로워진 돌은 무언가를 찢고 도려내거나 사냥을 할 때 편했어.

인류 최초의 도구가 탄생한 거야! 이렇게 돌멩이를 깨서 만든 도구를 **뗀석기**라고 해. 또 뗀석기를 사용한 시대를 **구석기 시대**라고 한단다.

돌멩이를 도구로 사용한 시기를 '석기 시대'라고 해. 돌멩이로 도구를 만드는 방법에 따라 '구석기'와 '신석기'로 나누지. 구석기는 오래된 석기 시대, 신석기는 새로운 석기 시대라는 뜻이야. 신석기 시대는 뒤에서 다시 살펴볼 거야. 기대해.

구석기 시대 사람들이 사용한 뗀석기를 살펴볼까?

긁개 주로 나무나 가죽의 껍질을 벗기는 데 사용했어.

슴베찌르개 주로 창끝에 매어 사용한 사냥 도구로, 주먹도끼보다 작아. 구석기 시대 후기에 사용되었어.

주먹도끼 찍고, 자르고, 동물의 가죽을 벗기는 등 다양한 용도로 사용했어.

뗀석기 종류가 무척 다양하지?

그중에서도 구석기 시대 사람들이 자주 사용한 도구는 주먹도끼야. 평범한 돌멩이로 보인다고? 천만의 말씀! 이 돌멩이는 손안에 쏙 들어와 쥐고 사용하기 편했어. 주먹도끼의 아랫부분에 홈이 파여 있지? 주먹도끼에 홈을 낸 뒤 손가락을 대고 힘을 실어 사용했던 거지.

좀돌날 흑요석으로 만든 돌날은 매우 날카로워 주로 물고기 비늘을 떼거나 배를 가르는 등 정교한 작업을 할 때 사용했어.

지금 보면 뗀석기는 그냥 깨진 돌멩이처럼 보이지? 그렇다고 구석기 시대 사람들을 무시하면 안 돼. 지금 우리가 열심히 살아가듯, 구석기인들 역시 생존하기 위해 최선을 다했어. 뗀석기는 치열하게 살았던 구석기인의 고민이 담겨 있는 도구인 거야. 그렇게 열심히 살았던 사람들 덕분에 현재 우리가 편안하게 살 수 있는 거지. 앞으로 천 년 정도 시간이 흐른 뒤에 스마트폰을 사용하는 우리의 모습을 후손들은 뭐라고 평가할까? 미개인이라고 할까?

역사는 과거와 현재, 그리고 미래까지 하나로 연결되어 마치 물처럼 흐른단다. 그러니까 우리는 각 시대를 인정하고 존중하는 마음으로 바라보아야 한다는 것을 잊지 말자.

무리 사회 ★힘을 합쳐 함께 살아가다

여러 가지 도구를 만들었으니 사냥을 나가 볼까? 하지만 뗀석기 하나 달랑 들고 커다란 동물을 쫓아가는 건 위험해. 코뿔소나 매머드처럼 크고 사나운 동물을 혼자 사냥하는 건 불가능하지. 그래서 구석기 시대 사람들은 힘을 합쳐 사냥을 하고 사냥한 고기를 함께 나눠 먹었어. 가진 도구는 뗀석기밖에 없었지만, 서로 도우며 최선을 다해 살아간 구석기 시대 사람들이 대단하지?

이동 생활 ★ 식량을 찾아 이동하다

사냥한 동물의 가죽은 말려서 덮거나 몸에 둘렀어. 구석기 시대는 추운 빙하기 시대였기 때문에 동물의 가죽을 걸치지 않으면 얼어 죽을 수도 있었지. 시간이 흐른 뒤, 빙하기가 끝나고 얼음이 녹는 간빙기가 되기도 했지만 지금처럼 따뜻하진 않았어. 그래서 구석기 시대 사람들은 추위를 피해 동굴이나 바위 그늘에서 살았어. 동굴은 추운 바람을 막아 주고 비나 눈을 피하기 딱 좋은 장소였지. 때론 나뭇가지나 동물 가죽을 이용하여 막집을 짓고 머물기도 했어.

구석기 시대 사람들은 한곳에 머물기보다 이동하면서 생활했어. 머물고 있던 동굴 주변에 더 이상 먹을 것이 없으면 이동했지. 또 동굴에서 생활하면서 동굴 벽에 그림을 그리기도 했단다.

알타미라 동굴 벽화 스페인에 있는 알타미라 동굴에는 인류 역사상 가장 오래된 벽화가 있어.

라스코 동굴 벽화 프랑스에 있는 라스코 동굴은 동물을 묘사한 구석기 시대 벽화로 유명해.

금굴 유적 우리나라 충청북도 단양에 있는 구석기 시대 후기 동굴 유적이야.

불의 사용 ★ 추위를 이겨 내고 동물의 공격을 피하다

동굴은 어둡다고? 걱정하지 마. 불을 피우면 되지. 구석기인들은 불을 사용할 줄 알았거든. 어떻게 불을 사용하게 되었을까? 처음에는 하늘에서 벼락이 떨어지거나 화산이 폭발할 때 자연적으로 발생한 불을 가져와 사용했을 거야. 그러다가 나뭇가지를 비비거나 돌을 부딪쳐 불 피우는 방법을 알게 되었지.

불을 사용하기 시작하면서 구석기인들은 추위를 이겨 내고 사나운 동물의 공격도 피할 수 있었어. 또 해가 지고 어두워져도 자유롭게 활동할 수 있게 되었지.

식생활도 크게 바뀌었어. 불을 사용하기 전에는 핏물이 뚝뚝 떨어지는 질긴 생고기를 먹을 수밖에 없었는데, 불을 사용하면서 고기를 익혀 먹게 되었지. 익힌 음식은 부드럽고 담백해서 먹기에 좋고, 영양소 흡수율도 높았어. 또 기생충에 감염되거나 질병에 걸릴 확률도 낮아졌어. 덕분에 사람들은 예전보다 더 오래, 건강하게 살 수 있었지.

힘센 동물에 비해 크지도, 빠르지도 않은 인간이 불을 사용하면서 다른 동물들이 함부로 건드릴 수 없는 강자로 우뚝 서게 된 거야.

불을 사용하게 된 건 정말 역사적인 사건이라고!

강자가 되었다고 마음대로 힘을 휘두르거나 약한 동물을 괴롭혀도 된다고 생각하진 않겠지? 오히려 다른 동물과 식물을 잘 지키고 보살펴야 해. 우리는 다른 동식물과 함께 지구에서 살아가야 한다는 걸 잊지 말자!

큰★별쌤 한판 정리

구석기 시대

사회	무리 사회
도구	(구)석기 시대

- 식 — 사냥, 채집
- 의 — 가죽
- 주 — 이동 ⋯▶ 동굴, 막집
  └▶ 뗀석기(주먹도끼)

⋮
배고픈 평등 사회

사회 구석기는 무리를 지어 생활하는 무리 사회야.
함께 사냥하고 나누어 먹는 평등 사회였어. 하지만 먹을 것이 넉넉하지 않은 배고픈 평등 사회였지.

도구 돌멩이를 깨뜨려 만든 도구를 뗀석기라고 하지. 만능 도구인 주먹도끼가 대표적인 뗀석기야.

식 열매나 나무뿌리 등을 채집하여 먹거나, 물고기를 잡고 동물을 사냥하여 먹을 것을 마련하였지.
의 사냥한 동물의 가죽을 덮거나 몸에 둘렀어.
주 구석기 시대 사람들은 먹을 것을 찾아 이동 생활을 하였어. 머무르기 좋은 동굴을 발견하면 한동안 그곳에서 생활했지. 때론 나뭇가지로 얼기설기 만든 막집에서 잠깐 지내기도 했지.

구석기인은 왜 배가 고팠나요?

구석기 시대에는 먹을 것이 넉넉하지 않았어. 채집할 열매가 없거나 사냥에 성공하지 못하면 쫄쫄 굶어야 했지.

# 큰 ★ 별쌤 별별 퀴즈

1. ★ 안에 들어갈 알맞은 말을 써 볼까요?

- 구석기 시대 사람들은 돌을 깨거나 떼어서 만든 ★ 석기를 사용했다.

- 구석기 시대 사람들은 먹을 것을 찾아 ★★ 생활했다.

- 구석기 시대 사람들은 주로 ★★ 이나 막집에서 살았다.

- ★★ 도끼는 대표적인 뗀석기이다.

2. 별별이가 구석기 유물 사진들을 모아 발표 자료를 만들려고 해요. 구석기 시대 유물 사진을 모두 골라 볼까요?

① 삼국사기　② 철제 보습

③ 주먹도끼　④ 슴베찌르개　⑤ 긁개

3. 다음 문장이 맞으면 O, 틀리면 X에 동그라미를 그려 볼까요?

- 구석기 시대 사람들은 사냥이나 채집을 통해 먹을 것을 구했다.

- 구석기에는 간석기를 사용했다.

   구석기에는 뗀석기를 사용했지.

- 구석기는 계급이 없는 평등한 사회였다.

- 구석기 시대 사람들은 정착 생활을 하며 움집을 짓고 생활했다.

4. 큰★별쌤이 설명하고 있는 유물을 바르게 연결해 볼까요?

 구석기 시대 후기에 만들어진 도구야. 주로 창끝에 매어 사냥 도구로 사용했어.

 주먹도끼

 한 손에 쥐고 사용할 수 있는 구석기 시대 만능 도구야.

 슴베찌르개

큰★별쌤 별별 특강

한반도에서 발견된 인류 화석

한반도에는 언제부터 사람이 살았을까? 학자들은 약 70만 년 전부터 한반도에 인류가 살았을 것으로 보고 있어. 60~40만 년 전부터 한반도에 사람이 살았을 것으로 보는 주장도 있지. 어쨌든 엄청나게 오래전에 한반도에서 구석기 시대가 시작되었어.

하지만 구석기 시대에는 지금의 한반도, 중국, 일본이 하나의 땅으로 이어져 있었고, 구석기인들은 한곳에 정착하여 생활하지 않고 이동 생활을 했기 때문에 구석기 시대 사람들이 우리의 직접적인 조상이라고 말할 수는 없어.

인류 화석은 인류의 비밀을 밝혀 주는 아주 중요한 단서가 되지. 지금까지 밝혀진 최초의 인류 화석은 1974년 아프리카 에티오피아에서 발견된 '루시(Lucy)'란다. 화석이 발견되었을 때 비틀즈의 'Lucy in the sky with diamonds'라는 노래가 흘러나와 루시라는 이름을 붙였다고 해. 루시는 약 320만 년 전에 살았던 인류로 밝혀졌지.

한반도에서 발견된 가장 오래된 인류 화석은 '역포사람'과 '덕천사람'이란다. 둘 다 북한 지역에서 발견되었어. '역포사람'은 평양시 역포 구역 대현동 동굴 유적에서 발견되어 역포사람이라는 이름을 가지게 되었어. 이 화석은 7~8세 가량의 어린이라서 '역포아이'라고 부르기도 해.

또 평안남도 덕천시 승리산 동굴 유적에서 덕천사람이라고 불리는 사람의 어금니와 어깨뼈가 발견되었어. 이들은 약 10만 년 전에 한반도에 살았던 사람으로 보여.

남한 지역에서는 충청북도 단양 상시바위그늘 유적과 청주 두루봉 동굴 유적에서 여러 점의 사람 뼛조각이 발견되었는데 약 3~4만 년 전에 살았던 사람이라고 추정하고 있어.

이런 인류 화석을 통해 고인류의 모습을 짐작해 볼 수 있어. 최초의 인류 화석을 통해 루시가 주로 나무에서 생활하다가 나무 아래로 떨어져 죽었다는 것을 밝혀냈지. 하지만 우리나라에서는 인류 화석이 많이 발견되지 않아 연구가 활발히 진행되지 못하고 있어.

　아직도 동굴 깊숙한 곳에서 우리를 기다리고 있는 구석기인 화석이 있지 않을까? 언젠가 그들이 우리에게 비밀을 알려 줄지도 몰라.

루시 루시는 키가 1미터 정도인 20세 가량의 여성이라고 해.

도전! 한국사능력검정시험

★ 초급 25회 1번

1. 다음 화면의 유물이 널리 사용된 시대에 대한 설명으로 옳은 것은?

① 철제 농기구를 사용하여 농사를 지었다.
② 민무늬 토기를 만들어 농작물을 저장하였다.
③ 사냥과 채집 등을 하면서 이동 생활을 하였다.
④ 많은 사람들이 고인돌을 만드는 데 참여하였다.

★ 초급 43회 1번

2. (가)에 들어갈 유물로 옳은 것은?

① 주먹도끼
② 갈돌과 갈판
③ 반달 돌칼
④ 비파형 동검

★ 초급 45회 1번
3. (가) 도구가 처음 사용된 시대의 생활 모습으로 옳은 것은?

① 철제 무기를 사용하였다.
② 농사를 짓고 가축을 길렀다.
③ 청동으로 장신구를 제작하였다.
④ 주로 동굴이나 막집에서 살았다.

★★ 중급 44회 1번
4. (가) 시대의 생활 모습으로 옳은 것은?

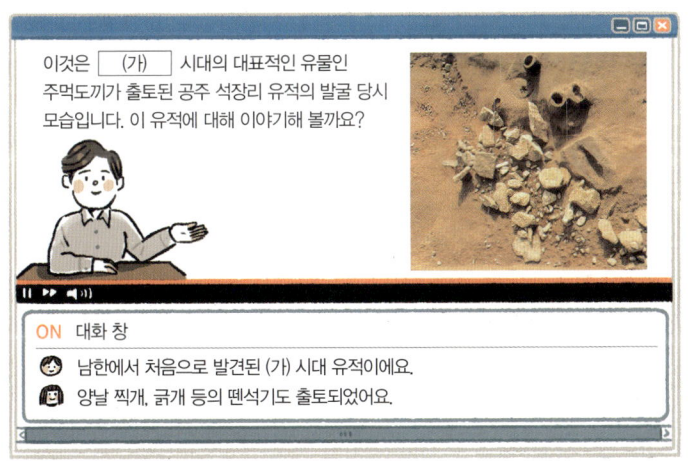

① 가락바퀴를 이용해 실을 뽑았다.
② 빗살무늬 토기에 식량을 저장하였다.
③ 반달 돌칼을 사용하여 벼를 수확하였다.
④ 지배층의 무덤으로 고인돌을 축조하였다.
⑤ 주로 동굴에 살면서 사냥과 채집을 하였다.

약 1만 년 전
만주 및 한반도, 신석기 시대 시작

2. 신석기 시대의 생활 모습

　구석기 시대는 인류 역사의 대부분을 차지할 정도로 오랫동안 이어졌어. 한반도의 구석기 시대도 무려 70만 년 가까이 지속되었지. 그렇게 오랜 시간이 흐른 뒤 지금으로부터 약 1만 년 전, 인류는 새로운 시대로 접어든단다.
　빙하기가 끝나고 날씨가 따뜻해지자 얼어 있던 바다와 강이 녹으면서 물고기와 조개 같은 먹을거리가 많아졌어. 사람들은 자연스럽게 다양한 먹을거리를 채집하고 사냥할 수 있는 강가나 바닷가에 하나둘 모여 살기 시작했지. 이때부터 많은 변화가 일어났단다. 어떤 일이 일어났는지 함께 알아볼까?

농경의 시작 ★ 직접 식량을 생산하다

신석기 시대 사람들은 주로 바닷가나 강가에 모여 살면서 사냥을 하고 식물이나 열매를 채집해서 먹고살았지. 그러다가 점차 조, 기장 등을 재배하기 시작했어. 이것은 구석기 시대에 불을 사용한 사건만큼 굉장한 일이야. 왜냐고? 구석기 시대 사람들은 채집할 열매나 사냥할 동물이 없으면 굶어 죽거나 먹을 것을 찾아 정처 없이 떠돌아다녔어. 그런데 농사를 짓고 짐승을 기르면서 떠돌아다니지 않고 한곳에 정착해서 살게 되었지. 자연에 순응해 살던 사람들이 자연을 이용하기 시작한 거야. 농경과 목축 생활이 가져온 이런 변화를 **신석기 혁명**이라고 해.

★ 큰별쌤 별별 정보 ★

신석기 시대 사람들은 쌀밥을 먹었을까?
신석기 시대에 농사를 짓기 시작했지만, 벼농사를 짓지는 않았어. 아직 그럴 만큼 농경 기술이 발달하진 않았거든. 처음에는 그저 조, 기장, 수수 같은 식물의 씨를 뿌리고 거두는 수준의 밭농사였을 거야. 농사를 짓기 시작한 건 정말 큰 변화였지만, 하루아침에 확 바뀐 건 아니야. 변화는 아주 천천히 일어났단다.

간석기 ⭐ 돌을 갈아서 사용하다

신석기 시대부터 농사를 짓기 시작했다고 했지? 그러면서 농사에 필요한 다양한 도구를 만들기 시작했어. 신석기 시대 사람들은 돌을 갈아서 만든 **간석기**를 사용했어. 간석기는 뗀석기보다 훨씬 정교하고 날카로워 사용하기 편했어.

돌괭이 땅을 파거나 뭉친 흙을 고르는 데 쓰는 도구야. 손으로 잡고 사용하거나 자루에 묶어서 사용했어.

돌보습 땅을 파고 갈거나 뒤엎는 데 사용했어.

빗살무늬 토기 ★ 조리와 저장을 위한 도구를 만들다

 농사를 지어 거둔 곡식은 어디에 보관했을까? 신석기 시대 사람들이 살았던 강가나 바닷가의 흙은 늘 축축하게 젖어 있었어. 물기가 있는 흙은 잘 뭉쳐져서 곡식 담는 그릇 모양으로 만들 수 있었어.

 그런데 흙으로 빚은 그릇을 그대로 햇빛에 말려서 사용했더니 너무 쉽게 깨지는 거야. 그러다가 우연히 그릇을 불에 구웠더니 단단해져서 잘 깨지지 않는다는 걸 발견했어. 이렇게 신석기 시대 사람들은 흙으로 빚은 그릇인 토기(土器)를 만들어 사용했단다. 신석기 시대에 만들어진 토기 중 빗살무늬가 새겨진 것을 **빗살무늬 토기**라고 해.

빗살무늬 토기를 만드는 방법

① 흙과 물을 섞어서 반죽한 다음 비벼서 길게 만든다.

② 고리 모양으로 만든 흙 반죽을 차곡차곡 쌓는다.

③ 원하는 모양으로 다듬고 그늘에 말린다.

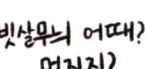

④ 무늬를 새기고 굽는다.

바닥이 뾰족한 토기라니, 신기해.

★ 큰별쌤 별별 정보 ★

신석기 시대 사람들은 왜 토기에 빗살무늬를 새겼을까? 토기를 예쁘게 꾸미고 싶었기 때문일 거야. 또 그릇 표면에 빗금을 그어서 불에 구울 때 표면이 갈라지는 것을 막았다는 의견도 있어.

빗살무늬 토기의 밑바닥은 평평하지 않고 뾰족해. 이렇게 뾰족한 그릇을 어떻게 사용했을까? 신석기인들은 강가나 바닷가에 살았다고 했지? 강가나 바닷가의 흙은 대부분 부드럽고 질퍽하잖아. 그래서 뾰족한 토기를 땅에 꽂아서 사용할 수 있었어. 정말 기발하지?

가락바퀴와 뼈바늘 ★ 실을 뽑아 옷을 만들다

신석기 시대 사람들은 패션에도 눈을 뜨기 시작했어. 날씨가 따뜻해지니 두툼한 동물 가죽옷은 무겁고 더웠을 거야. 그래서 식물을 이용해 좀 더 가벼운 옷을 만들었지. 식물의 껍질을 물에 불린 다음 두들기면 가는 섬유가 한 올 한 올 떨어져 나와. 그 얇은 섬유를 꼬아서 길게 연결하면 실이 돼. 이렇게 만든 실을 이용해 옷감을 만들었어.

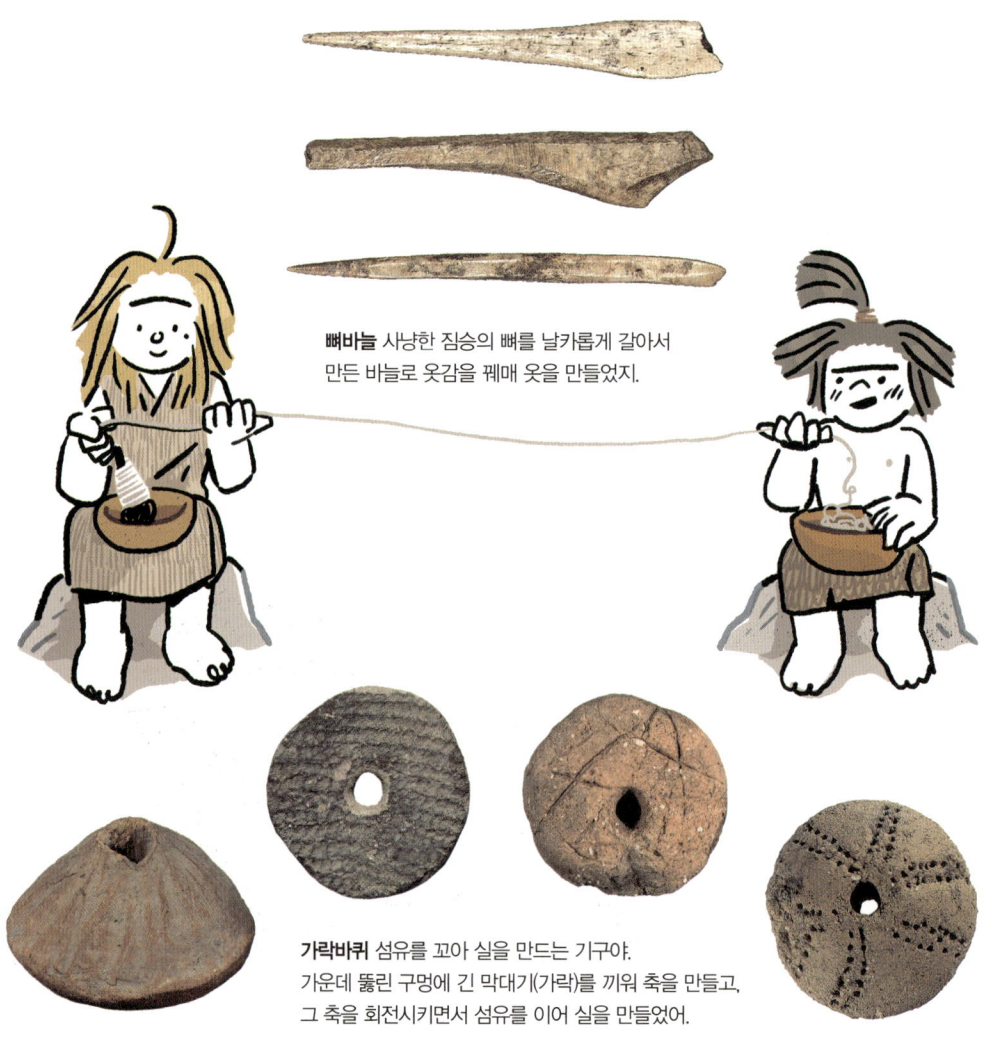

뼈바늘 사냥한 짐승의 뼈를 날카롭게 갈아서 만든 바늘로 옷감을 꿰매 옷을 만들었지.

가락바퀴 섬유를 꼬아 실을 만드는 기구야. 가운데 뚫린 구멍에 긴 막대기(가락)를 끼워 축을 만들고, 그 축을 회전시키면서 섬유를 이어 실을 만들었어.

옷을 만들려면 바늘이 있어야겠지? 사람들은 사냥한 동물의 뼈를 갈아서 날카로운 뼈바늘을 만들었어. 실을 뼈바늘에 꿰어서 옷감을 꿰매면 옷 한 벌 완성!

옷을 만들어 입으니 예쁘게 꾸미고 싶었던 걸까? 요즘 사람들이 귀걸이와 목걸이로 꾸미는 것처럼 신석기 시대 사람들도 조개껍데기로 팔찌나 목걸이를 만들어 몸에 주렁주렁 매달고 다녔어. 반짝이는 보석은 아니지만 조개로 만든 장식품도 꽤 멋지지 않니?

움집 ★ 정착 생활을 하다

구석기 시대 사람들은 주로 동굴에서 살았다고 했지? 구석기 시대에는 먹을 것을 찾아서 이동 생활을 했기 때문에 힘들게 집을 지을 필요가 없었지. 집을 짓는 기술도 부족했어.

농사를 짓기 시작하면서 사람들은 더 이상 이동하지 않고 한곳에 머물며 살았어. 애써 키운 농작물을 놔두고 다른 곳으로 떠날 수는 없었거든. 씨를 뿌린 곳 근처에 머물면서 농작물이 잘 크는지, 언제쯤 먹을 수 있는지 살펴봐야 했지.

움집을 만드는 방법

① 구덩이를 판다. 이렇게 판 구덩이를 '움'이라고 한다.

② 구덩이 위에 나무 기둥을 세운다.

③ 기둥이 쓰러지지 않도록 단단하게 고정한다.

이렇게 한곳에 정착하자 오래 머무를 집이 필요했어. 땅에 구덩이를 파고 둘레에 기둥을 세운 다음, 그 위에 억새나 거적 등을 덮어 집을 지었지. 아직 집 짓는 기술이 발달하지 않았기 때문에 벽을 만드는 대신 땅을 움푹하게 팠어. 이렇게 판 구덩이를 '움'이라고 하거든. 그래서 신석기 시대 사람들의 집을 **움집**이라고 해. 구덩이를 파고 집을 지으면 세찬 바람과 추위를 막을 수 있어. 또 움집 가운데에 화덕을 만들어 불을 피웠어. 화덕에 음식을 만들어 먹으며 따뜻하게 지냈지.

④ 억새나 나무줄기 등을 엮어 기둥 위에 씌운다.

큰★별쌤 한판 정리

신석기 시대

사회	씨족(부족) 사회
도구	(신)석기 시대

- 식 ── 농사(밭)
- 의 ── 가락바퀴, 뼈바늘
- 주 ── 정착 ⋯▶ 움집

→ 간석기, 빗살무늬 토기

↓
(배고픈) 평등 사회

사회 신석기 시대에는 씨족 단위로 마을을 이루며 살았단다. 여전히 모두가 평등한 사회였어.

도구 신석기 시대에는 돌을 갈아서 만든 간석기를 사용했지. 그리고 곡식을 저장하거나 조리하기 위해 토기를 만들어 썼는데, 그중 빗살무늬가 새겨진 것을 빗살무늬 토기라고 해.

식 농사와 목축을 시작했어.
의 가락바퀴로 실을 뽑고 뼈바늘을 사용하여 옷을 만들어 입었어.
주 농사를 짓기 시작하면서 한곳에 머물러 사는 정착 생활을 하게 되었어. 신석기 시대 사람들은 주로 강가나 바닷가에 움집을 짓고 생활하였지.

신석기인도 배가 고팠나요?

신석기인은 농사를 지었기 때문에 구석기인보다 배부르게 먹었을 거야. 그래도 먹을 것이 넉넉하진 않았단다.

큰★별쌤 별별 퀴즈

1. ★ 안에 들어갈 알맞은 말을 써 볼까요?

- 신석기 시대부터 돌을 갈아 다듬어 만든 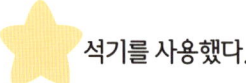 석기를 사용했다.

- 신석기 시대부터  를 사용하여 실을 뽑았다.

2. 신석기 사람들에게 필요한 도구를 선으로 연결해 볼까요?

 곡식을 담아야지.   •   •

 도토리를 갈아야지.   •   •

 옷감을 꿰매야겠네.   •   •

3. 별별이가 신석기 시대를 조사해서 역사 신문을 만들었어요.
빈칸에 공통으로 들어갈 말을 알아맞혀 볼까요?

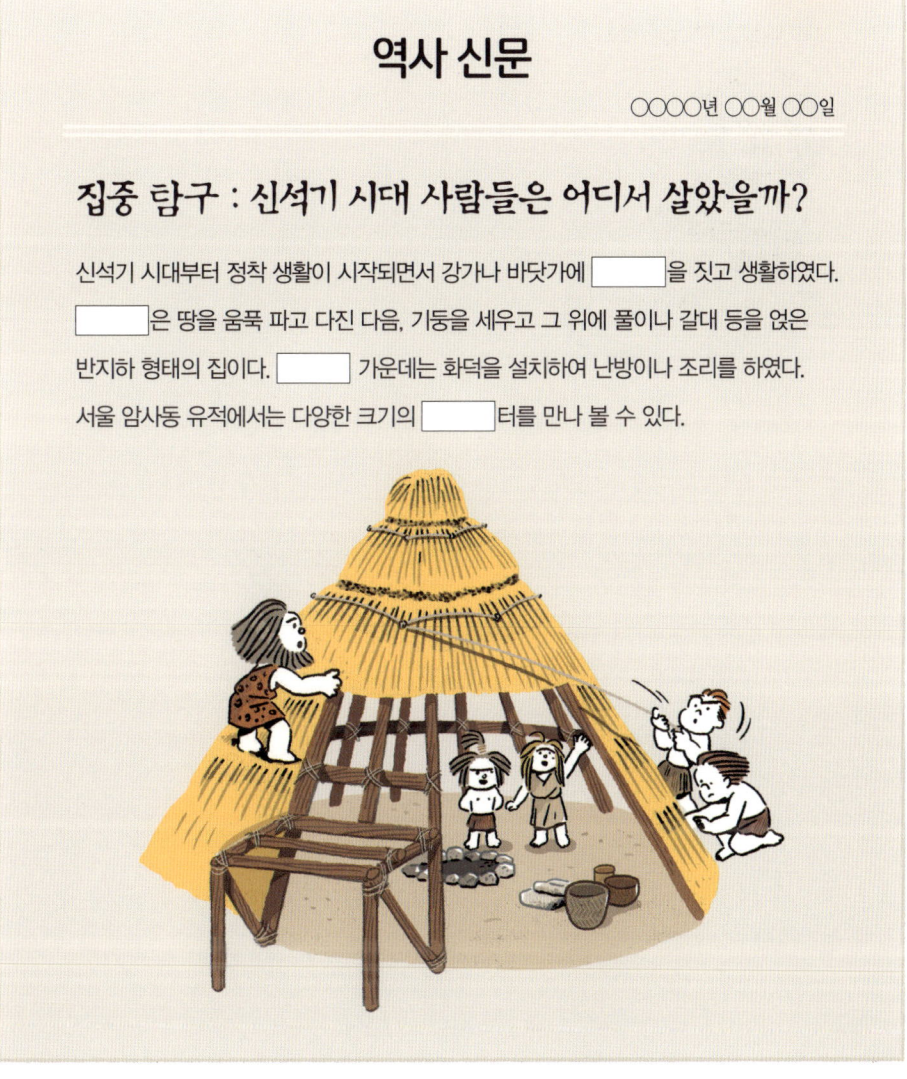

역사 신문

○○○○년 ○○월 ○○일

집중 탐구 : 신석기 시대 사람들은 어디서 살았을까?

신석기 시대부터 정착 생활이 시작되면서 강가나 바닷가에 ☐ 을 짓고 생활하였다. ☐ 은 땅을 움푹 파고 다진 다음, 기둥을 세우고 그 위에 풀이나 갈대 등을 얹은 반지하 형태의 집이다. ☐ 가운데는 화덕을 설치하여 난방이나 조리를 하였다. 서울 암사동 유적에서는 다양한 크기의 ☐ 터를 만나 볼 수 있다.

① 동굴　　② 움집　　③ 기와집　　④ 초가집

큰★별쌤 별별 특강

신석기인 '용감한 가슴'

용감한 가슴은 한기를 느끼며 잠에서 깼다. 밤사이 화덕의 불이 꺼졌다. 용감한 가슴은 일어나자마자 움집 지붕을 살펴보러 나갔다. 밤사이 몰아치던 바람 때문에 혹시 움집 지붕이 망가지진 않았는지 걱정이 되었다. 다행히 큰 문제는 없어 보였다.

집 안으로 들어오니 아이들은 아직 한밤중이었고, 아내는 도토리 가루로 죽을 쑤고 있었다. 며칠 전에 도토리를 갈판에 갈아 물에 담가 놓았더니 쓴맛이 없어져 맛있는 도토리 죽을 먹을 수 있었다.

아침을 먹고 용감한 가슴은 서둘러 사냥 나갈 준비를 했다. 추운 겨울이 오기 전에 식량을 조금 더 비축해 두어야 하기 때문이다. 아내는 오늘 마을 사람들과 수수를 수확한다고 했다. 올해는 작년보다 수확량이 많기를 기대해 본다. 아이들은 강가에서 진흙을 퍼 와 토기를 만들 거라고 했다. 용감한 가슴은 뼛조각을 찾아 건네주며 토기에 무늬를 새길 때 사용하라고 했다.

사냥에 앞서 용감한 가슴은 마을의 어른인 '검은 눈썹'과 함께 마을의 수호신인 흑곰에게 정성껏 기도를 올렸다. 왠지 오늘은 사냥에 성공할 수 있을 것 같은 기분이 들었다.

요즘에는 가족의 형태와 의미가 다양해졌지만, 전통적인 가족은 부부를 중심으로 혈연 또는 입양 등으로 구성된 집단을 뜻해.

그럼 가족이라는 개념은 언제부터 생겼을까? 신석기 시대에 농경이 시작되면서 정착 생활을 하게 되었지. 한곳에 오래 머물러 살기 위해서는 튼튼한 집도 필요했겠지? 그래서 신석기 시대 사람들은 강가나 바닷가에 움집을 짓고 살았어. 부부와 자녀로 구성된 가족이 한집에서 살면서 함께 식사를 하게 되었고 비로소 가족이라는 개념이 생긴 거야.

그리고 공동의 조상을 가진 사람들끼리 모여 씨족 공동체가 형성되었어. 핏줄이라는 말 들어 봤지? 신석기 시대부터 핏줄이 같은 사람들끼리 모여서 마을을 이루며 살게 된 거야. 씨족 공동체 안에서는 모두가 평등했어. 힘을 합쳐 사냥을 나가고 함께 농사를 짓고 가축을 길렀지. 그리고 생산물은 공평하게 나누어 가졌단다.

이렇게 신석기 시대에 탄생한 가족은 이후로 오랫동안 사회를 이루는 가장 기본 단위가 되었단다.

도전! 한국사능력검정시험

★ 초급 41회 1번

1. (가)에 들어갈 내용으로 가장 적절한 것은?

신석기 시대로 떠나는 시간 여행!

강가나 바닷가 주변에 살면서, 농사를 짓기 시작했던 사람들의 모습을 체험할 수 있어요.

- 날짜 : 2018년 ○○월 ○○일
- 장소 : □□ 박물관 야외 체험장
- 체험 프로그램 : 움집 생활 체험하기
  빗살무늬 토기 만들기
  (가)

① 고인돌 덮개돌 끌기
② 철제 농기구로 밭 일구기
③ 갈판과 갈돌로 곡식 갈기
④ 비파형 동검 모형 만들기

★ 초급 44회 1번

2. 다음 체험전에서 볼 수 있는 유물로 적절한 것은?

① 가락바퀴 ② 호우총 청동 그릇 ③ 농경문 청동기 ④ 기마 인물형 토기

⭐⭐ 중급 43회 1번
3. (가) 유물이 처음 사용된 시대의 생활 모습으로 옳은 것은?

① 농경과 목축이 시작되었다.
② 거친무늬 거울을 사용하였다.
③ 주로 동굴이나 막집에서 살았다.
④ 대표적인 무덤으로 고인돌을 만들었다.
⑤ 거푸집을 이용해 청동 도끼를 제작하였다.

⭐⭐⭐ 기본 47회 1번
4. (가) 시대에 처음 제작된 유물로 옳은 것은?

3 청동기 시대의 생활 모습

집에 있는 동전을 찾아서 살펴볼까? 10원짜리 동전이 다른 동전보다 유난히 노랗지? 10원짜리 동전은 구리와 아연을 섞어 만드는데, 청동도 이와 비슷해.

지금으로부터 약 4000년 전에 사람들은 토기를 만들다가 흙 속에서 뭔가가 반짝이는 걸 발견했어. 그 흙으로 토기를 만들었더니 다른 토기보다 훨씬 단단했지. 반짝이는 것이 구리인지, 주석인지, 아연인지는 몰랐지만 흙보다 더 단단하다는 걸 알게 된 거야.

이로써 인류는 돌을 사용하던 석기 시대를 지나 반짝반짝 빛나는 금속 시대로 들어섰지. 이 시기를 청동기 시대라고 해. 우리도 눈을 반짝이며 청동기 시대로 여행을 떠나 볼까?

기원전 2000~1500년
만주 지역 청동기 보급으로 청동기 시대 시작

청동기 ★ 금속 도구를 만들어 사용하다

청동기는 어떻게 만들까?

먼저 구리, 주석, 아연 등을 녹여서 쇳물을 만들어. 그다음 거푸집에 쇳물을 부어서 굳히는 작업을 하지. 거푸집이 뭐냐고? 만들려는 물건의 모양대로 만든 속이 빈 틀이야. 돌이나 흙으로 틀을 만들고 금속을 녹여 부으면 원하는 모양의 청동기를 만들 수 있어. 거푸집이 식으면 청동기를 꺼내 모양을 다듬어 완성하지.

청동기의 주재료인 구리는 1000도(℃) 이상의 높은 온도에서 녹아. 그렇게 높은 온도로 불을 조절할 만큼 기술이 발달한 거지. 청동을 만드는 재료는 무척 귀하고 만드는 과정도 복잡해서 아무나 가질 수 없었어. 그래서 청동으로는 주로 제사 때 사용하는 거울이나 방울, 그리고 무기 등을 만들었지.

청동기 만드는 과정

① 구리가 든 돌을 뜨거운 불로 녹인다. 풀무질을 해서 바람을 불어 넣으면 온도가 높게 올라간다.

② 녹인 청동 용액을 거푸집에 붓는다. 청동 용액이 굳으면 거푸집을 떼어 낸다.

③ 완성된 청동기의 거친 표면을 숫돌에 갈아서 매끈하게 만든다.

그럼 청동기 시대에는 무엇으로 농기구를 만들었을까? 당연히 구석기, 신석기 시대부터 쭉 사용해 온 돌이지. 물론 예전보다 좀 더 정교해지고 편리해졌어. 청동기 시대 대표적인 농기구인 **반달 돌칼**을 살펴보면 가운데에 두 개의 구멍이 있어. 그 구멍에 끈을 연결하여 묶은 뒤 손가락을 넣어 잡으면 이삭을 훑거나 벨 때 좀 더 편리하게 사용할 수 있었어.

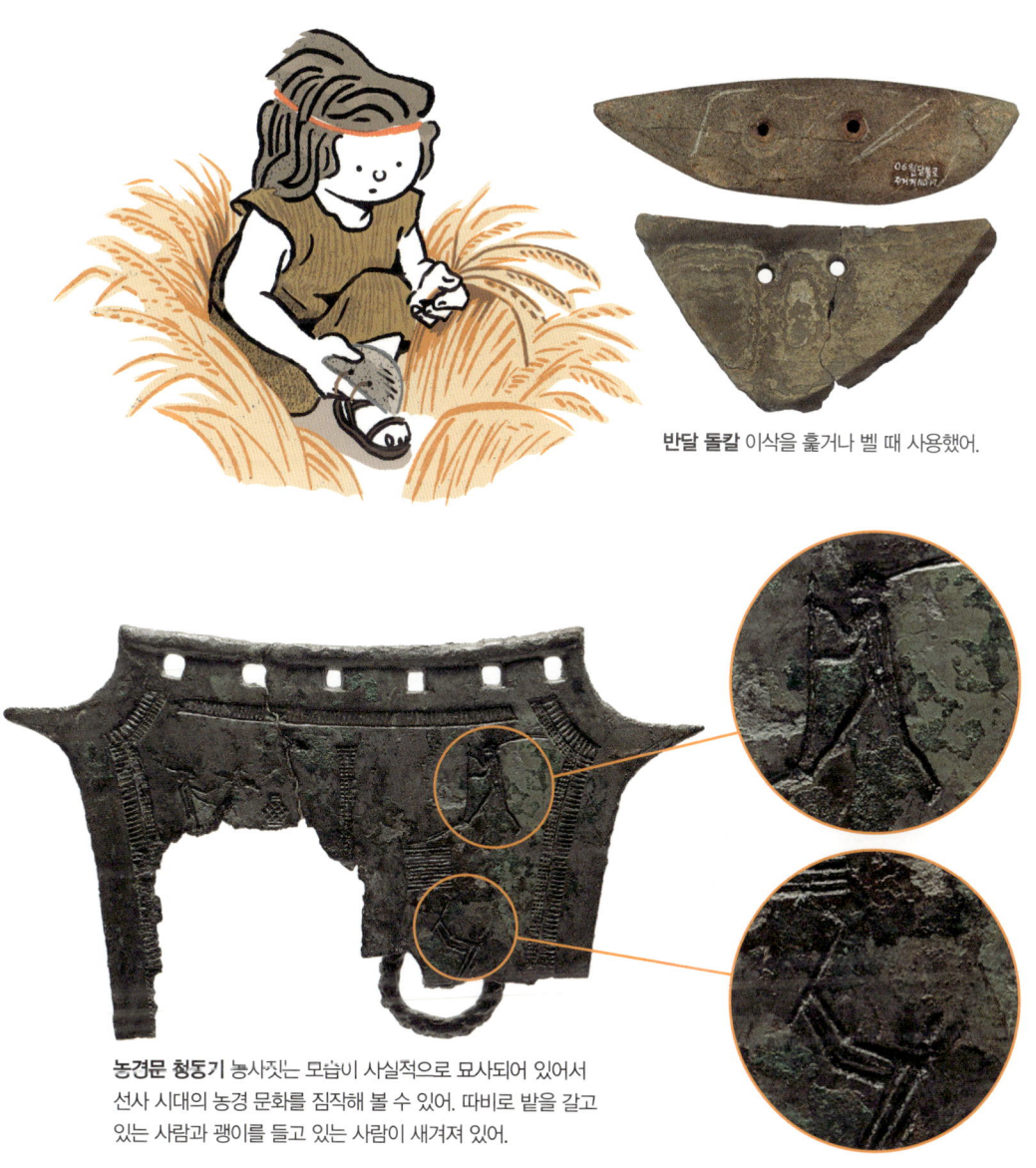

반달 돌칼 이삭을 훑거나 벨 때 사용했어.

농경문 청동기 농사짓는 모습이 사실적으로 묘사되어 있어서 선사 시대의 농경 문화를 짐작해 볼 수 있어. 따비로 밭을 갈고 있는 사람과 괭이를 들고 있는 사람이 새겨져 있어.

벼농사의 시작 ★ 벼농사를 짓고 쌀밥을 먹기 시작하다

정말 반가운 소식이 있어. 청동기 시대에 이르러 쌀밥을 먹게 되었어! 일부 지역이지만 드디어 **벼농사**를 짓기 시작한 거야. 우리가 오늘 아침에 먹은 쌀밥을 청동기 시대부터 먹었다니, 쌀밥의 역사도 정말 오래되었지?

물론 청동기 시대에도 신석기 시대부터 재배한 조, 수수, 기장, 콩 같은 곡식을 주로 재배했지만 시간이 지나면서 습하고 낮은 땅을 중심으로 벼농사를 짓기 시작했어.

청동기 시대에는 쌀밥을 마음껏 먹고 살았을까? 아마 그렇진 않았을 거야. 사실 벼농사는 굉장히 복잡하고 힘들거든. 땅에 볍씨를 뿌리기만 하면 알아서 자라는 게 아니라 논자리와 물길을 만들고, 물을 가두었다가 제때 흘려 보내야 해. 또 벼농사를 지으려면 많은 사람들이 함께 일해야 하지. 게다가 제때 하늘에서 비가 내리지 않으면 농사를 망치기 일쑤야. 그래도 쌀은 다른 곡식보다 맛이 좋고 수확량이 많아서 점차 벼농사를 짓는 사람들이 많아졌어.

이렇게 농경이 발달하면서 농사지을 넓은 땅이 필요해졌어. 그래서 청동기 시대 사람들은 강 주변의 나지막한 산이나 구릉 지대에 살기 시작했지. 아마도 청동기 시대 마을 풍경은 오늘날 농촌 풍경과 크게 다르지 않을 거야. 뒤에는 산이 있고 앞으로는 넓은 평야가 펼쳐져 있는 곳에 집을 지었어. 마을에서 조금 떨어진 곳에는 강이 흐르고 말이야. 이런 지형을 '배산임수(背山臨水)'라고 해. 배산임수 지형은 예나 지금이나 집을 짓기 좋은 땅으로 손꼽혀.

청동기 시대의 집은 여전히 움집이었지만 신석기 시대와는 조금 달랐어. 신석기 시대에는 땅을 움푹하게 파서 집을 지었지만 청동기 시대에는 벽을 세우는 기술을 터득해서 땅을 깊게 파지 않고 집을 지었어.

민무늬 토기 ★토기 제작 기술이 발전하다

청동기 시대에는 농사 기술이 발달하면서 곡식 생산량이 크게 늘어났고 그만큼 곡식을 저장할 그릇도 많이 만들었어. 또 토기 굽는 가마를 사용하기 시작하면서 예전보다 단단한 토기를 만들 수 있었지.

청동기 시대에 만들어진 토기는 바닥이 편평해서 땅바닥에 놓아도 넘어지지 않았어. 신석기 시대 빗살무늬 토기는 밑바닥이 뾰족했던 거 기억하지? 신석기 시대에는 주로 강가나 바닷가에 살았기 때문에 뾰족한 토기를 바닥에 꽂아서 사용했지만 청동기 시대에는 땅바닥이 딱딱한 들판이나 언덕에 집을 짓고 살았기 때문에 토기를 땅에 꽂을 수가 없었지. 그래서 토기의 밑바닥이 편평해진 거야.

청동기 시대에는 무늬가 없는 **민무늬 토기**를 많이 만들었어. 편리하게 사용할 수 있도록 손잡이가 달린 토기도 만들었는데, 미송리식 토기가 대표적이지. 이렇게 청동기 시대에는 다양한 토기를 만들어 사용했단다.

미송리식 토기 평안북도 의주군 미송리 동굴 유적에서 발견된 민무늬 토기야. 달걀 모양의 몸체에 손잡이가 한 쌍 또는 두 쌍 달려 있어.

붉은 광택이 도는 민무늬 토기 표면이 매끄럽고 붉은색이 나는 토기야.

민무늬 토기 부여 송국리에서 출토된 토기로 몸통 중간 부분이 넓은 항아리야.

빗살무늬 토기는 아래쪽이 뾰족한데, 민무늬 토기는 편평하네.

밥그릇 형태의 민무늬 토기 청동기 시대에는 다양한 형태의 민무늬 토기가 만들어졌어.

계급의 발생 ⭐빈부 격차와 계급이 생기다

구석기와 신석기 시대는 모두가 평등한 사회였어.

크고 사나운 동물을 사냥하려면 모두 힘을 합쳐야 했지. 사냥에 성공하면 똑같이 나눠 먹었어. 늘 먹을거리가 부족했기 때문에 서로를 챙겨 주고 콩 한 쪽이라도 나눠 먹을 수밖에 없는 배고픈 평등 사회였단다.

하지만 청동기 시대에는 농사 기술의 발달로 모두가 먹고 남을 만큼 농작물을 많이 수확했지. 그러자 남은 농작물을 더 가지려고 싸우기 시작했어. 결국 싸움에서 이긴 사람은 **지배자**가 되고 싸움에서 진 사람은 지배를 받게 되었지. 평등했던 사회는 점차 가진 사람과 못 가진 사람, 지배하는 사람과 지배 받는 사람으로 나뉘게 되었단다.

청동 거울(왼쪽)과 청동 방울(오른쪽) 청동 거울과 청동 방울은 제사를 지낼 때 사용했어.

비파형 동검(왼쪽)과 세형 동검(오른쪽) 청동기 시대 초기에 많이 사용한 비파형 동검은 중국 악기인 비파와 생김새가 비슷해. 청동기 시대 후반에는 칼날이 가늘고 긴 세형 동검을 만들었어.

청동기는 만들기도 어렵고 재료도 귀해서 아무나 가질 수 없다고 했지? 강력한 힘을 가진 지배자만 청동 거울이나 방울을 몸에 걸치고 제사를 주관했어. 햇빛에 반사되어 번쩍번쩍 빛나는 청동 거울과 방울 덕분에 지배자는 대단히 특별하게 보였을 거야.

지배자는 농사가 잘되는 땅을 차지하기 위해 다른 부족과 전쟁을 하기도 했어. 전쟁에서 이긴 부족은 다른 부족의 땅과 사람들을 흡수하여 점점 부족의 규모를 키워 갔지. 이렇게 부족 간의 경쟁이 활발해지고 부족의 규모가 점점 커지면서 국가가 등장했단다.

고인돌 ★ 강한 힘을 가진 지배자가 등장하다

청동기 시대 사람들은 커다란 돌로 무덤을 만들었어. 이 돌무덤을 **고인돌**이라고 해. 받침돌이 커다란 덮개돌을 고이고 있다고 해서 붙여진 이름이야. 고인돌의 크기는 어마어마하게 커서 덮개돌 무게가 50톤이나 되는 것도 있어. 코끼리 1마리의 무게가 보통 5톤 정도이니까 덮개돌 하나의 무게가 코끼리 10마리 무게와 비슷한 셈이지. 이렇게 무거운 돌을 옮기려면 많은 사람들이 필요했겠지? 무덤의 주인은 많은 사람들을 움직일 수 있는 막강한 힘을 가진 **지배자**였을 거야.

우리나라에는 크고 작은 고인돌이 많이 남아 있어. 특히 고창, 화순, 강화도에 많아. 그래서 다른 나라 역사학자들이 우리나라를 '고인돌의 나라'라고 부르기도 한단다. 그 당시 한반도에는 지배자가 많았던 걸까? 그렇진 않아. 크기가 작은 고인돌은 아마도 평범한 사람들의 무덤이었을 거야.

고인돌을 통해 청동기 시대 마을이나 부족의 크기를 짐작해 볼 수도 있단다. 고인돌은 힘세고 건강한 성인 남자들이 주로 만들었을 거야. 성인 남자 1명을 중심으로 한 가족의 인원을 5명 정도로 예상해 보자. 고인돌을 만들 때 성인 남자 500명 정도를 동원했다면, 성인 남자 500명에 가족 5명을 곱해서 약 2500여 명 정도가 그 마을에 살았다고 가늠해 볼 수 있어.

고인돌 만드는 과정

우아, 무거운 돌을 어떻게 움직였을까? 정말 대단해.

① 큰 통나무를 기찻길처럼 깔고 그 위에 돌을 옮겨 놓는다. 통나무를 바퀴처럼 굴리면서 돌을 움직인다.

② 받침돌 두 개를 세우고 뒷면에는 막음돌을 세운다.

③ 흙을 쌓아 비탈길을 만들고 덮개돌을 꼭대기로 올린다.

④ 덮개돌을 얹은 다음 흙을 치우고 무덤 방에 시신을 안치한 뒤, 막음돌로 앞면을 막는다.

바둑판식 고인돌 땅 밑에 시신을 묻고, 그 위에 받침돌을 올린 후 덮개돌을 얹었어.

탁자식 고인돌 두 개의 받침돌에 탁자 모양의 덮개돌을 얹었어. 시신을 묻지 않고 땅 위에 안치한 뒤, 앞과 뒤를 막음돌로 막았어.

큰★별쌤 한판 정리

청동기 시대

사회	군장 국가 ⇒ 계급
도구	청동기 시대

- 식 — 농사(벼)
- 주 — 움집

→ 반달 돌칼, 민무늬 토기(미송리식)
→ 고인돌, 비파형 동검

다시 정리해 볼까?

사회 농사를 짓게 되면서 남은 생산물이 생기자, 빈부 격차가 발생했어. 그러면서 지배하는 자와 지배 받는 자로 계급이 나뉘게 되었지. 힘이 있고 재산이 많은 사람은 부족장이 되어 부족을 이끌었단다.

도구 청동기는 만들기가 어렵고 재료가 귀해서 주로 지배자의 장신구나 무기, 제사용 도구 등으로 사용하였어. 농기구는 여전히 반달 돌칼과 같은 석기를 이용했지. 청동기 시대에는 무늬가 없는 민무늬 토기를 사용했는데 미송리식 토기가 대표적이야.

식 농사짓는 기술이 더욱 발전하였고 일부 지역에서 벼농사가 시작되어 쌀을 먹을 수 있게 되었지.

주 앞에 강이 흐르고 뒤에는 산이 있는 구릉 지대에 사각형 움집을 짓고 살았어.

고인돌 청동기 시대 사람들은 커다란 돌로 무덤을 만들었어.

청동기 시대에 고인돌이 만들어졌다는 것을 잊지 말자!

큰★별쌤 별별 퀴즈

1. ★ 안에 들어갈 알맞은 말을 써 볼까요?

- ★★ 은 구리, 주석, 아연을 섞어 만들었다.

- 청동기 시대에는 ★★ 돌칼을 사용해 곡식을 수확했다.

- 청동기 시대에는 무늬가 없는 ★★★ 토기를 만들었다.

- 청동기 시대에는 지배층의 무덤으로 ★★★ 을 축조하였다.

2. 친구들이 청동기 시대 유물을 조사해서 발표하고 있어요. 친구들이 설명하는 유물의 이름을 선으로 연결해 볼까요?

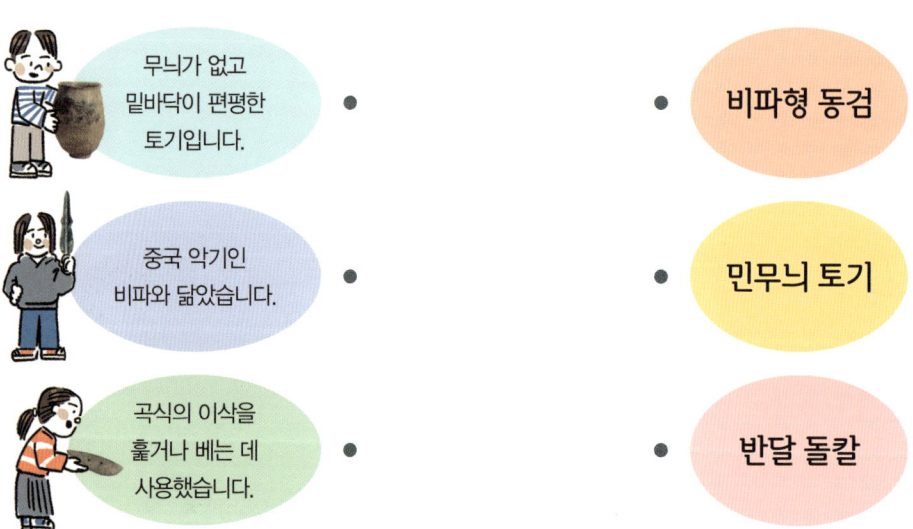

3. 다음 문장이 맞으면 O, 틀리면 X에 동그라미를 그려 볼까요?

- 청동기 시대 사람들은 청동기를 사용해 농사를 지었다.

- 청동기 시대에 벼농사가 시작되었다.

- 빗살무늬 토기는 청동기 시대의 대표적인 토기다.

- 청동기 시대부터 계급이 등장하였다.

4. 큰★별쌤과 별별이가 선사 시대 유물을 답사하러 여행을 떠났어요. 큰★별쌤이 설명하고 있는 것은 무엇일까요?

① 고인돌　　② 움집　　③ 비파형 동검　　④ 반달 돌칼

큰★별쌤 별별 특강

청동 거울을 만든 청동기 장인

이 청동 거울을 한번 보렴. 내가 만든 거란다. 정교한 무늬가 새겨져 있는 거 보이지? 이런 청동 거울을 만들려면 꽤 전문적인 기술이 있어야 해. 그래서 나와 같은 전문 기술자가 생긴 거야.

청동기는 구리에 주석과 아연을 섞어 만들어. 구리에 다른 금속을 섞는 비율에 따라 품질이 다른 청동기가 만들어져. 돌이나 흙에 만들고자 하는 청동기 모양을 새긴 거푸집을 이용해서 청동기를 제작하는데 그 과정이 무척 어렵고 복잡해.

신석기 시대에 농사가 시작되었지만 모두가 풍족하게 먹고살 수 있을 정도는 아니었어. 그래서 사회 구성원 모두가 생업 활동에 매달려야 했지. 한마디로 배고픈 평등 사회였어.

하지만 청동기 시대에는 농사를 짓지 않고 전문적인 일을 하는 사람이 등장했지. 그만큼 농업 생산력이 증가해서 모두가 생산 활동에 매달리지 않아도 먹고살 수 있게 된 거야. 그래서 청동기 제작 기술을 가진 사람은 청동기만 생산하고, 농사를 짓는 사람은 농사를 지었지. 또 힘이 센 사람은 부족을 이끄는 족장이 되어 다른 부족과 전쟁을 치르거나 제사를 주관했어. 사회가 보다 복잡해진 거야.

아마도 청동기를 만드는 장인은 농사를 짓는 사람보다 높은 대우를 받았을 거야. 장인이 만들어 낸 청동기가 지배자인 부족장의 권위를 높여 줬기 때문이지.

도전! 한국사능력검정시험

★ 초급 38회 1번

1. (가)에 들어갈 문화유산으로 적절한 것은?

① 비파형 동검
② 철제 농기구
③ 호우명 그릇
④ 연꽃무늬 수막새

★ 초급 46회 1번

2. (가) 시대의 생활 모습으로 옳은 것은?

① 목화솜으로 옷을 만들어 입었다.
② 주로 동굴이나 바위 그늘에서 살았다.
③ 무덤 안에 방을 만들어 벽화를 그렸다.
④ 거푸집을 활용하여 청동 도끼를 만들었다.

이것은 부여 송국리 유적에서 발굴된 (가) 시대의 토기입니다. 이전 시대에 사용한 빗살무늬 토기와 달리 무늬가 없고 바닥이 평평한 것이 특징입니다.

⭐⭐ 중급 46회 1번

3. 밑줄 그은 '이 시대'의 생활 모습으로 옳은 것은?

○○신문

제△△호   2019년 ○○월 ○○일

남해군 당항리에서 비파형 동검 출토

경상남도 남해군 당항리 고인돌 발굴 조사 과정에서 이 시대의 대표적 유물인 비파형 동검이 출토되었다. 발굴 관계자는 "고인돌의 구조와 비파형 동검 등 부장품을 통해 볼 때 이 지역에 유력한 지배자가 존재했던 것으로 추측된다."라고 밝혔다.

① 우경이 널리 보급되었다.
② 철제 농기구를 제작해 사용하였다.
③ 반달 돌칼을 이용하여 곡식을 수확하였다.
④ 주로 동굴에 살면서 사냥과 채집을 하였다.
⑤ 토기를 사용하여 식량을 저장하기 시작하였다.

⭐⭐⭐ 기본 48회 1번

4. (가) 시대의 생활 모습으로 옳은 것은?

① 우경이 널리 보급되었다.
② 비파형 동검을 제작하였다.
③ 철제 농기구를 사용하였다.
④ 주로 동굴과 막집에서 거주하였다.

4 고조선의 건국과 성장

청동기 시대는 부족 간에 전쟁을 많이 했어. 전쟁에서 이긴 부족은 패배한 부족의 땅을 빼앗고 사람들을 받아들여 부족의 규모를 계속 키웠어. 그 결과 드디어 우리나라 최초의 국가인 고조선이 탄생했단다.

혹시 우리나라 역사를 반만년 역사라고 말하는 걸 들어 본 적 있니? 반만년 역사의 시작이 바로 고조선이란다. 고조선은 지금의 만주와 한반도 북부 지역을 무대로 성장하였어. 고조선에 관한 기록이 많이 남아 있지 않아서 실제 고조선의 위치를 정확히 알 수는 없어. 하지만 청동기 시대 대표적인 유물인 고인돌과 비파형 동검이 발굴된 지역을 통해 고조선의 문화 범위를 짐작해 볼 수 있지.

청동기 시대 후기에 고조선이 성장하면서 비파형 동검은 사라지고 동검날이 가늘고 긴 세형 동검이 만들어졌어. 비파형 동검보다 훨씬 가볍고 사용하기 편리했지. 세형 동검은 한반도에서 집중적으로 발굴되어 한국식 동검이라고 불린단다. 한반도 내 독자적 청동기 문화를 보여 주는 증거이지. 우리나라 최초의 국가, 고조선에 대해 알아보자.

기원전 2333년
고조선 건국

기원전 194년
위만 집권

기원전 108년
고조선 멸망

고조선 건국 ★단군왕검이 고조선을 세우다

고조선이 어떻게 세워졌는지 궁금하지 않니? 고려 시대 일연이 쓴 《삼국유사》에 고조선 건국 이야기가 실려 있단다.

옛날에 환인의 아들인 환웅이 하늘에서 인간 세상을 자주 내려다보며 직접 그곳을 다스리고 싶어 했다. 환인이 아들의 뜻을 알고 내려다보니 태백산(지금의 묘향산으로 추정) 지역이 적당하다고 생각해 아들에게 가서 다스리게 했다. 환웅은 비, 바람, 구름을 다스리는 신하들과 무리 삼천 명을 이끌고 내려와 세상을 다스렸다.

★큰별쌤 별별 정보★

고조선은 널리 인간을 이롭게 한다는 홍익인간을 건국 이념으로 내세웠어. 단군의 건국 이야기는 이후 우리 민족이 어려움에 처했을 때 민족의 단결과 자긍심을 높이는 데 도움이 되었단다.

　어느 날 곰과 호랑이가 환웅을 찾아와 사람이 되게 해 달라고 빌었다. 환웅은 쑥과 마늘을 주면서 "이것을 먹으면서 100일 동안 햇빛을 보지 않으면 사람이 될 것이다."라고 했다. 곰과 호랑이는 동굴로 들어가 이를 지키려고 했으나 호랑이는 참지 못하고 곧 뛰쳐나갔다. 하지만 곰은 환웅이 말한 것을 잘 지켜 여자로 변해 웅녀가 되었다.
　웅녀는 환웅과 결혼해 아들을 낳았고, 그 아들이 후에 단군왕검이 되었다. 단군왕검은 아사달(지금의 황해도 구월산 근처)로 도읍을 옮겨 고조선을 건국했다.

건국 이야기는 아주 오랫동안 사람들의 입에서 입으로 전해 내려왔어. 많은 사람들의 생각과 감정이 이야기에 반영되어 더욱 흥미로워졌지. 그래서 이야기 속에 숨겨진 사실을 잘 찾아야 진짜 건국 이야기를 알 수 있단다.

🌟 환인은 누구예요?

이야기에서 환인은 하늘을 다스리는 신이었고, 환웅은 그의 아들이었어. 우리나라에도 그리스 로마 신화에 나오는 신들처럼 하늘을 다스리는 신이 있었던 걸까? 환인은 하늘을 다스리는 신이 아니라 하늘을 섬기는 부족이었을 거야.

🌟 환웅이 비, 바람, 구름을 다스리는 신하들과 함께 땅에 내려왔다는 게 진짜예요?

비, 바람, 구름은 농사와 관련이 있어. 곡식이 잘 자라려면 비가 제때 내려야 하고 바람도 적당히 불어야 하지. 당시 사람들이 농사를 중요하게 생각했다는 걸 알 수 있어.

 환웅이 정말 사람들을 다스린 거예요?

 청동기 시대부터 지배자가 생겼다고 했지? 환웅은 사람들을 다스리는 지배자였을 거야. 건국 이야기를 통해 고조선이 계급 사회였다는 걸 알 수 있지.

 곰이 사람이 됐다는 건 정말 믿을 수 없어요.

 실제 곰과 호랑이가 사람이 될 순 없겠지. 곰과 호랑이를 섬기는 부족이라고 생각해 보면 어떨까? 부족은 여러 씨족 공동체가 하나로 합쳐진 집단이야. 가족으로 구성된 작은 규모의 씨족 공동체끼리 서로 싸우거나 합쳐서 부족을 이루었지.

아마 하늘을 섬기는 부족이 힘이 강했던 모양이야. 그래서 곰 부족과 호랑이 부족이 하늘 부족과 함께하기를 원했지. 무슨 이유인지 모르겠지만 호랑이 부족은 함께하지 못했고, 곰 부족과 하늘 부족만 힘을 합쳐 나라를 세운 거야. 그 나라가 바로 고조선인 거지.

당시 부족 간에 전쟁이 활발했고, 전쟁을 통해 규모를 키운 부족은 국가로 발전했는데, 그 과정이 고조선 건국 이야기에 잘 드러나 있는 거란다. 어때? 이렇게 이야기 속에 숨은 의미를 알고 나니 재미있지?

8조법 ★ 법을 만들어 나라를 다스리다

건국 이야기에서 알 수 있듯이 고조선을 건국한 사람은 **단군왕검**이야. '단군'은 제사를 주관하는 제사장이라는 뜻이고 '왕검'은 정치를 지배하는 사람이라는 뜻이지. 그러니까 단군왕검은 제사와 정치를 한 손에 쥐고 나라를 지배하는 최고 권력자를 말하는 거야. 이렇게 제사와 정치가 같이 이루어지는 사회를 조금 어려운 말로 **제정일치 사회**라고 해.

고조선은 청동기 시대에 건국되었어. 청동기 시대는 평등 사회가 아니라서 때로는 힘센 사람이 약한 사람을 괴롭히고 곡식을 빼앗기까지 했어. 당연히 여기저기서 크고 작은 싸움이 벌어졌지. 이럴 때 어떻게 싸움을 말리거나 벌을 줬을까? 고조선은 **8조법**을 만들어서 큰 죄는 법으로 엄격하게 다스렸어. 아쉽게도 고조선의 8조법 중에 세 개 조항만 전해지지만, 세 개의 조항으로도 고조선이 어떤 사회였는지 짐작해 볼 수 있단다. 고조선의 8조법을 살펴볼까?

8조법

- 사람을 죽인 사람은 사형에 처한다.
  - 생명을 중요하게 생각했다는 걸 알 수 있겠지?

- 남에게 상해를 입힌 사람은 곡식으로 갚는다.
  - 곡식으로 갚았다는 걸 보니, 농사를 지었겠지? 또 자신의 곡식으로 갚았다는 걸 보니, 사유 재산이 존재했다는 것도 알 수 있어.

- 남의 물건을 훔친 사람은 데려다 노비로 삼으며 죄를 면하려면 50만 전을 내야 한다.
  - 노비로 삼았다는 걸 보니 계급이 존재하는 신분 사회였다는 것을 알 수 있어. 또 50만 전을 냈다는 것으로 화폐를 사용했다는 것을 알 수 있지.

나쁜 일을 하면 벌을 받는 건 그때나 지금이나 마찬가지구나.

 ★ 큰별쌤 별별 정보 ★

중국의 역사서인 《한서》에는 고조선의 백성들이 도둑질을 하지 않아 대문을 닫고 자는 법이 없었다는 기록이 남아 있단다.

철기의 수용 ★ 철기 문화를 받아들여 발전하다

≪삼국유사≫에 따르면 고조선은 기원전 2333년에 건국되어 2000년 이상 이어졌다고 해. 2000년은 엄청나게 오랜 시간이야. 고조선이 멸망한 뒤 여러 나라를 거쳐 대한민국이 세워질 때까지의 시간보다 더 긴 시간이야. 고조선이 얼마나 오랜 역사를 가진 나라인지 알겠지?

고조선은 청동기 문화를 바탕으로 건국되었지. 이후 위만이 집권하면서 본격적으로 **철기 문화**를 받아들이며 더욱 발전했어. 철은 구리나 주석보다 높은 온도에서 녹기 때문에 철기를 만들기까지 꽤 오랜 시간이 걸렸어. 기술이 발달하여 철기를 만들 수 있게 되자, 지배자뿐만 아니라 일반 백성들도 **철로 만든 농기구**를 사용할 수 있게 되었어. 청동은 양이 적어 지배자들만 쓸 수 있었지만 철은 매장량이 많아 구하기 쉬웠거든. 단단하고 날카로운 철로 농기구를 만들어 사용하면서 농작물의 생산량이 증가했어. 철로 만든 농기구로 예전보다 땅을 깊게 파고 농작물도 쉽게 벨 수 있었어. 땅을 깊게 파면 흙도 부드러워지고 땅속으로 산소 공급이 늘어나 농작물이 더 튼튼하게 자랐지. 이렇게 농작물의 생산량이 증가하자 인구도 자연스럽게 늘었단다. 또 농기구의 발달로 일하는 시간이 줄어들자 종교나 예술 활동을 할 수 있는 여유도 생겼어.

단단한 철로 무기를 만들기 시작하자 전쟁이 자주 발생했단다.

철기 시대에는 많은 변화가 있었네요!

위만의 집권 ★ 중계 무역으로 번성하다

　기원전 2세기경 중국 연나라의 관리였던 **위만**은 수만 명을 이끌고 고조선으로 이주했어. 한이 중국을 통일한 뒤, 혼란이 계속되자 위만은 참지 못하고 고조선으로 망명한 거야. 이때 위만은 머리에 상투를 틀고 있었다고 해. 상투는 우리 민족의 고유한 풍습이지. 그래서 위만은 중국 사람이 아니라 연나라에 거주하던 고조선 사람으로 보는 학자도 있어.

　당시 고조선의 준왕은 위만을 믿고 받아 주었어. 그런데 고조선에 정착해 힘을 키운 위만은 준왕을 몰아내고 스스로 왕이 되었어. 위만은 나라 이름은 물론 고조선의 문화 대부분을 계승했어. 위만이 집권하면서 고조선은 본격적으로 철기 문화를 받아들였고 세력은 더욱 커졌어. 또 중국의 한과 한반도 남쪽 나라들 사이에

마차 물품과 사람을 실어 나르는 고조선의 운송 수단이야.

서 물건을 사고파는 **중계 무역**을 통해 크게 번성했지.

고조선의 힘이 날로 세지자, 중국의 한은 고조선으로 쳐들어왔어. 당시 고조선의 우거왕과 백성들은 물러서지 않고 한에 용감하게 맞섰어. 그런데 전쟁이 길어지자 고조선의 지배층은 맞서 싸우자는 사람들과 항복하자는 사람들로 나뉘었지. 우거왕은 끝까지 싸워서 고조선을 지켜야 한다고 주장했지만 결국 살해당하고 말았단다. 2000년이라는 긴 역사를 이어 온 고조선은 이렇게 멸망하고 말았어.

돌이나 청동기에 비해 훨씬 단단하고 날카로운 철기의 사용으로 고조선의 힘은 더욱 강해졌지. 철기 문화는 고조선을 통해 한반도 곳곳으로 퍼져 나갔어.

고조선이 이렇게 멸망하다니, 너무 아쉬워.

명도전 '명'이라는 한자가 새겨진 칼 모양의 중국 돈이야. 한반도에서 많이 발견되었지. 이를 통해 당시 중국과 교류가 활발했다는 것을 알 수 있어.

큰★별쌤 한판 정리

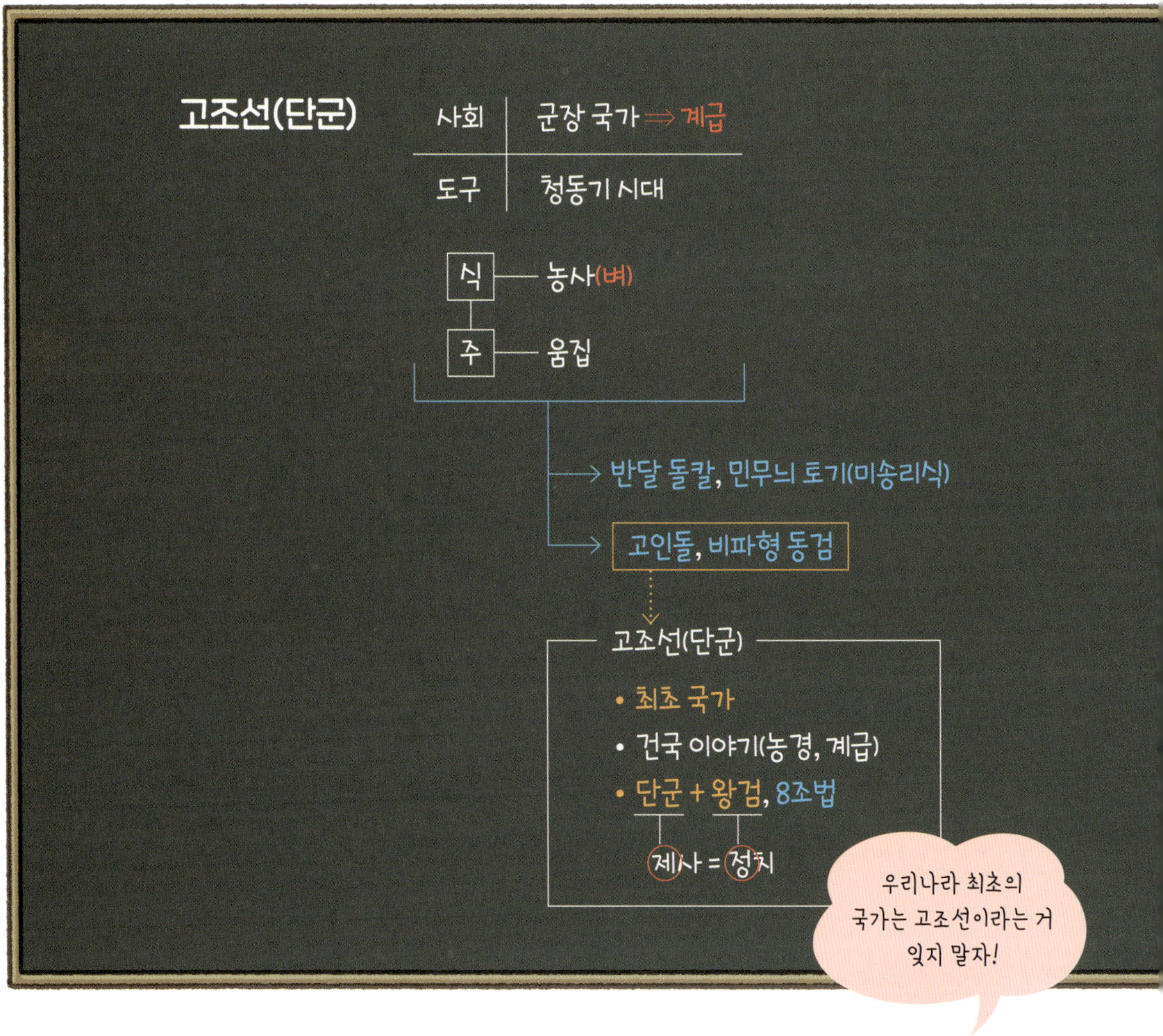

```
고조선(단군)    사회 | 군장 국가 ⇒ 계급
               도구 | 청동기 시대

       ┌ 식 ─ 농사(벼)
       └ 주 ─ 움집
              │
              ├→ 반달 돌칼, 민무늬 토기(미송리식)
              └→ 고인돌, 비파형 동검
                     ⋮
                  고조선(단군)
                   • 최초 국가
                   • 건국 이야기(농경, 계급)
                   • 단군 + 왕검, 8조법
                      제사 = 정치
```

> 우리나라 최초의 국가는 고조선이라는 거 잊지 말자!

고조선 청동기 문화를 바탕으로 우리 역사 최초의 국가인 고조선이 건국되었어.
건국 이야기 일연이 지은 삼국유사에는 단군의 고조선 건국 이야기가 실려 있어.
단군 + 왕검 단군은 제사장이라는 의미이고 왕검은 정치적 지배자라는 의미야. 이를 통해 고조선이 제정일치 사회였음을 알 수 있어.
8조법 고조선에는 8조법이 있었는데 그중 3개 조항이 전해져. 이를 통해서 고조선이 계급 사회이고 사유 재산이 존재했다는 것을 알 수 있어.

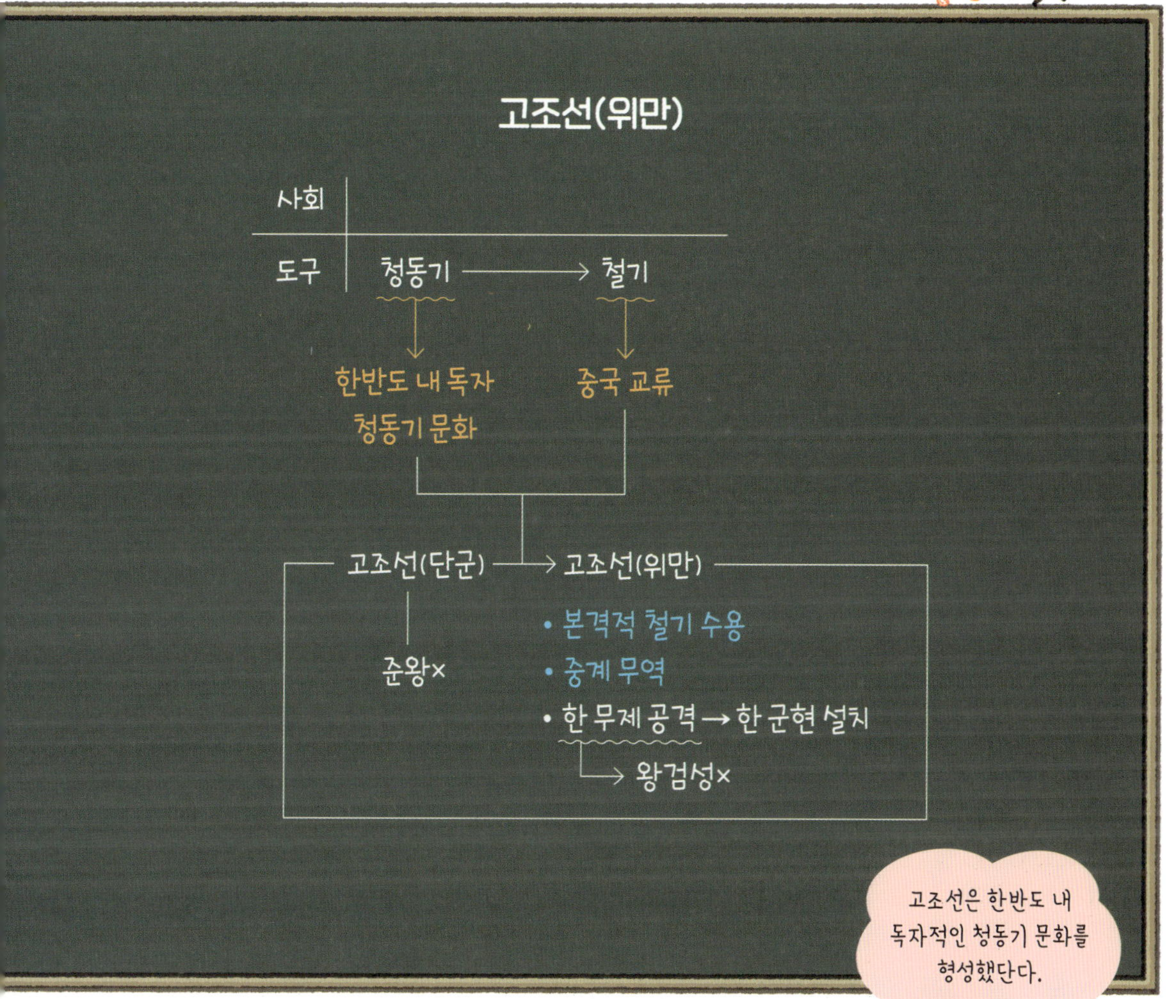

고조선(위만)

사회	
도구	청동기 → 철기

청동기 → 한반도 내 독자 청동기 문화
철기 → 중국 교류

┌─ 고조선(단군) → 고조선(위만)
│   │
│   준왕×
│
└─ 고조선(위만)
    • 본격적 철기 수용
    • 중계 무역
    • 한 무제 공격 → 한 군현 설치
        └→ 왕검성×

고조선은 한반도 내 독자적인 청동기 문화를 형성했단다.

청동기 문화 고조선은 한반도 내 독자적인 청동기 문화를 형성했어.
철기 문화 고조선은 중국과의 교류로 철기를 받아들였어.
위만 조선 고조선은 크게 단군 조선과 위만 조선으로 구분해. 위만이 집권한 이후 본격적으로 철기를 수용하면서 세력은 더욱 커졌어. 또 중계 무역을 통해 크게 번성했지.

큰★별쌤 별별 퀴즈

1. ★ 안에 들어갈 알맞은 말을 써 볼까요?

-  은 우리나라 최초의 국가다.

-  동검과 고인돌이 나오는 지역을 통해 고조선의 문화 범위를 알 수 있다.

- 고조선은 조법을 만들어서 큰 죄를 다스렸다.

건국 이야기를 보면 고조선을 알 수 있지.

2. 별별이가 고조선 건국 이야기를 그림으로 그려 보았어요. 건국 이야기 순서대로 나열해 볼까요?

㉠ 곰은 환웅이 말한 것을 잘 지켜 여자로 변해 웅녀가 되었다.

㉡ 환웅은 비, 바람, 구름을 다스리는 신하들과 무리 삼천 명을 이끌고 내려와 세상을 다스렸다.

㉢ 곰과 호랑이가 환웅을 찾아와 사람이 되게 해 달라고 빌었다.

㉣ 웅녀는 환웅과 결혼해 아들을 낳았고, 그 아들이 후에 단군왕검이 되었다.

3. 다음 문장이 맞으면 ○, 틀리면 ✕에 동그라미를 그려 볼까요?

- 단군 신화를 통해 고조선의 사회 모습을 짐작해 볼 수 있다.
- 위만은 철기 문화를 적극적으로 받아들였다.
- 철기는 단단하고 많이 생산할 수 있어서 농기구로도 사용했다.

4. 친구들이 고조선 8조법에 대해 조사해서 발표했어요. 조사를 잘못한 친구는 누구일까요?

> **고조선 8조법**
> - 사람을 죽인 사람은 사형에 처한다.
> - 남에게 상해를 입힌 사람은 곡식으로 갚는다.
> - 남의 물건을 훔친 사람은 데려다 노비로 삼으며 죄를 면하려면 50만 전을 내야 한다.

"8조법 중 3개 조항만 전해지고 있어."

"생명을 중요하게 생각했다는 것을 알 수 있어."

"사유 재산이 존재했다는 것을 알 수 있어."

"평등한 사회였다는 것을 알 수 있어."

 ① 지연　　 ② 서현　　 ③ 민수　　 ④ 은재

고조선의 왕이 된 위만

고조선은 크게 단군 조선과 위만 조선으로 구분한단다. 기원전 2세기경 중국에서 건너온 위만이 준왕을 몰아내고 고조선의 왕이 된 이후부터 단군 조선과 구분하여 위만 조선이라고 해.

위만은 중국 연의 장수로 한이 중국을 통일하자 1000여 명의 연나라 사람들을 이끌고 고조선으로 망명했어. 중국의 역사책인 《사기》와 《한서》에 따르면 위만이 고조선에 망명할 때 고조선 사람처럼 상투를 틀고 고조선 옷을 입었다고 해. 이를 근거로 위만이 고조선 사람이라고 주장하는 사람도 있단다. 위만은 준왕의 신임을 얻어 고조선 서쪽 변방을 지키는 고조선의 장수가 되었어.

하지만 위만은 세력이 커지자 준왕을 몰아낼 계획을 세웠어. 마침 한이 고조선을 공격하자 고조선의 도읍인 왕검성을 지켜야 한다는 명분을 내세워 군사를 이끌고 왕검성으로 들어와 준왕을 끌어내리고 왕위를 차지했지.

위만은 고조선의 왕위를 찬탈했지만 나라 이름은 그대로 조선이라고 했어. 위만이 집권한 이후 고조선은 본격적으로 철기 문화를 받아들여 크게 발전했어. 이후 고조선은 지리적 이점을 활용하여 중국 한과 한반도 남부 나라들 사이에서 물건을 사고파는 중계 무역으로 경제적으로도 번성했단다. 또 발달된 철기 문화를 바탕으로 주변 세력을 정복하며 영토를 크게 넓혔어.

고조선이 강성해지자 위협을 느낀 중국의 한은 대규모의 군사를 이끌고 고조선을 침략했단다. 고조선은 1년 가까이 한과 맞서 싸웠지만 결국 기원전 108년에 왕검성이 함락되면서 멸망하고 말았어.

비록 고조선은 멸망했지만 당시 고조선은 중국과 겨룰 정도로 강한 국력을 가진 나라였어. 고조선의 발달된 철기 문화는 만주와 한반도 주변 지역으로 퍼져 나갔고 부여, 고구려, 옥저, 동예, 삼한 등 여러 나라가 성장하는 데 밑거름이 되었단다.

도전! 한국사능력검정시험

★ 초급 36회 2번

1. 그림의 건국 이야기가 전해지는 나라에 대한 설명으로 옳은 것은?

첫 번째 장면
하늘에서 내려오는 환웅

두 번째 장면
마늘과 쑥을 먹는 곰과 호랑이

세 번째 장면
나라를 다스리는 단군왕검

① 우리나라 최초의 국가이다.
② 소도라는 신성 구역이 있었다.
③ 영고라는 제천 행사가 있었다.
④ 엄격한 신분 제도인 골품제가 있었다.

★ 초급 41회 2번

2. (가) 국가에 대한 설명으로 옳은 것은?

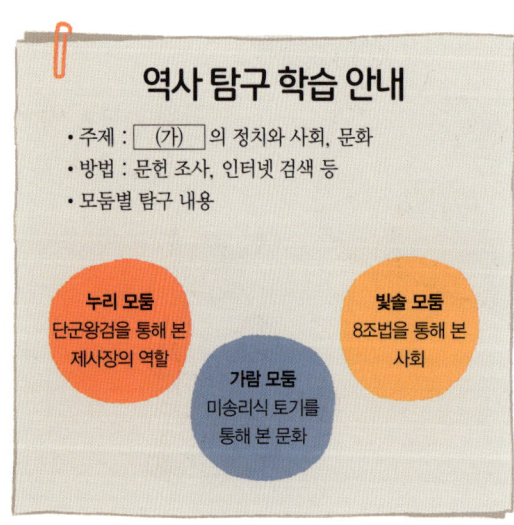

① 위례성을 도읍으로 하였다.
② 영고라는 제천 행사를 열었다.
③ 골품제라는 신분 제도가 있었다.
④ 건국 이야기가 《삼국유사》에 실려 있다.

★ 초급 44회 3번
3. 밑줄 그은 '이 나라'에 대한 설명으로 옳은 것은?

① 8조법으로 백성을 다스렸다.
② 낙랑과 왜에 철을 수출하였다.
③ 신분 제도인 골품제가 있었다.
④ 혼인 풍습으로 민며느리제가 있었다.

★★★ 기본 48회 2번
4. 밑줄 그은 '이 나라'에 대한 설명으로 옳은 것은?

① 8조법으로 백성을 다스렸다.
② 영고라는 제천 행사를 열었다.
③ 지배자로 신지, 읍차 등이 있었다.
④ 읍락 간의 경계를 중시하는 책화가 있었다.

5 여러 나라의 성장

철기 시대 철로 된 무기를 사용하게 되면서 나라들 간에 전쟁이 더욱 빈번해졌어. 일찌감치 철기 문화를 받아들인 부족은 주변 세력을 정복하면서 영역을 확대해 나갔지. 이 시기에 만주와 한반도에도 여러 나라가 등장했단다.

만주와 한반도 북부에는 부여와 고구려가 들어섰고, 한반도 동북쪽 해안 지역에는 옥저와 동예, 그리고 남부에는 마한, 변한, 진한으로 구성된 삼한이 자리 잡았지. 철기 문화를 바탕으로 세워진 여러 나라들은 각자의 풍습을 발전시키며 성장해 나갔단다. 초기 철기 시대에 성장한 여러 나라들을 만나 보자.

기원전 2세기
부여 건국

기원전 37년
고구려 건국

부여 ★ 5부족이 연합하여 나라를 이루다

옛 고조선의 영역에 제일 먼저 등장한 나라는 부여야. 부여는 현재 북만주 지역에 세워진 5부족 연맹 왕국이었어. 연맹 왕국은 여러 부족이 힘을 합쳐 만든 나라를 말해. 왕이 있었지만 실제로는 부족장이 여전히 자기 부족을 다스렸어.

부여는 왕 아래에 마가, 우가, 저가, 구가라고 불리는 관리가 각 지역을 다스렸어. 마가의 '마(馬)'는 말, 우가의 '우(牛)'는 소, 저가의 '저(猪)'는 돼지, 구가의 '구(狗)'는 개를 뜻해. 왜 하필 동물의 이름으로 관직의 이름을 정했을까? 부여가 자리 잡은 송화강 근처에는 드넓은 평야가 있어서 가축들이 아주 잘 자랐지. 목축은 부여 사람들에게 아주 중요했어. 그래서 관리의 이름에도 가축의 이름을 붙인 거야. 왕은 마가, 우가, 저가, 구가와 함께 나라의 중요한 일을 의논하여 결정했지만 큰 힘이 있진 않았어. 흉년이나 가뭄이 발생하면 왕에게 책임을 물어 쫓아내기까지 했단다.

부여에는 남의 물건을 훔치면 물건값의 12배를 물어 주도록 하는 **1책 12법**이 있었어. 또 12월이 되면 농사와 목축이 잘되기를 빌며 하늘에 제사를 지내는 **영고**라는 제천 행사를 열었지.

또 왕이나 귀족이 죽으면 왕이 쓰던 물건들과 왕을 모시던 사람들까지 함께 묻는 **순장 풍습**이 있었단다. 지금 생각하면 너무 무시무시하지? 하지만 당시 부여 사람들은 죽은 후에도 살아 있을 때처럼 세상이 이어진다고 생각해서 그렇게 했던 거란다.

고구려 ★ 졸본에 도읍을 정하다

고구려는 부여에서 내려온 주몽이 압록강 유역의 토착민들과 연합하여 졸본 지역에 세운 나라란다. 그래서 고구려는 부여와 비슷한 점이 많아. 고구려도 부여처럼 5부족 연맹 왕국이었고, 모든 부족의 대표가 모여 의논하는 **제가 회의**가 있었어. 부족의 최고 대표를 **대가**라고 불렀는데 왕처럼 관리를 두고 많은 사람들을 다스렸어. 또 부여와 마찬가지로 1책 12법이 있었단다.

고구려에는 **서옥제**라는 결혼 풍습이 있었는데, 결혼을 하면 신랑이 신부 집에 가서 서옥이라는 집을 짓고 살면서 아이를 낳고 키운 뒤에 신랑 집으로 돌아가서 사는 제도였어. 그리고 **동맹**이라는 제천 행사를 열어 하늘에 제사하고 춤과 노래를 즐겼어.

옥저와 동예 ★ 소금과 해산물이 풍부하다

옥저와 동예는 지금의 함경도와 강원도 지역의 동쪽에 있었어. 옥저와 동예는 바닷가에 위치하여 소금과 해산물이 풍부했어. 먹을거리가 풍족해서 살기가 좋았지. 하지만 동쪽 바닷가에 위치하다 보니 중국의 선진 문화를 받아들이기 쉽지 않았어. 게다가 힘이 센 고구려의 간섭으로 크게 성장하지 못했고 고구려에 공물을 바쳐야만 했지. 옥저와 동예는 왕이 없었고 **읍군** 또는 **삼로**라고 불리는 군장이 각 지역을 다스렸어.

옥저에는 **민며느리제**라는 결혼 풍습이 있었어. 민며느리의 '민'은 미리 데려온다는 의미야. 장차 며느리로 삼을 여자아이를 데려와 키운 다음, 아이가 자라면 신랑이 될 사람이 여자 집에 예물을 보내 혼인을 청했지. 또 옥저에는 가족들 중에 누가 죽으면 일단 땅에 묻어 두었다가 나중에 뼈를 추려 가족 공동묘지에 함께 묻는 독특한 장례 풍습이 있었단다.

동예에는 다른 부족의 영역을 침범하면 소, 말, 노비 등으로 보상하는 **책화**라는 제도와 같은 씨족끼리 결혼하지 않는 풍습이 있었어. 또 하늘에 제사를 지내는 **무천**이라는 제천 행사를 10월에 열었어. 무천은 하늘을 향해 춤춘다는 뜻이야.

동예의 특산물 단궁은 박달나무로 만든 활이고, 반어피는 바다표범의 가죽이야. 과하마는 과일나무 아래를 지나다닐 수 있을 만큼 작은 말이야.

삼한 ★ 한반도 남부 지방에서 성장하다

지금의 경상도 지역에 위치한 진한과 변한, 충청도와 전라도 지역에 위치한 마한을 합쳐 **삼한**이라고 해. 훗날 마한은 백제로, 진한은 신라로, 변한은 가야로 발전했지. 삼한은 여러 소국으로 이루어져 있었는데 소국을 다스리는 군장을 **신지** 또는 **읍차**라고 불렀단다. 마한의 목지국 군장이 삼한을 대표했지.

삼한에서는 **천군**이라는 제사장이 **소도**라는 지역을 다스렸어. 죄인이 소도로 달아나더라도 제사장의 허락 없이 잡아갈 수 없었어. 단군왕검이 통치하던 고조선은 정치와 제사를 한 사람이 담당하는 제정일치 사회였지만, 삼한은 정치와 제사가 분리된 사회였던 거야.

한반도 남부 지방에 위치한 삼한은 기후와 토양이 농사짓기에 적합해서 일찍부터 농업이 발달했어. 특히 벼농사를 많이 지었지. 그래서 씨뿌리기가 끝난 5월과 추수가 끝난 10월에 제천 행사를 열어 풍년을 기원하고 추수에 감사했단다. 또 삼한 중 변한은 철이 풍부해서 낙랑과 왜에 수출하기도 했어.

> 여기서부터는 소도 지역이야. 더 이상 들어가면 안 돼.

솟대 솟대는 소도에서 유래한 것으로 알려져 있어. 깃대 위의 새가 땅과 하늘을 이어 준다고 믿었지. 솟대를 마을 입구에 세워 마을의 경계를 표시하는 한편 마을을 지키고 풍년을 기원했단다.

큰★별쌤 한판 정리

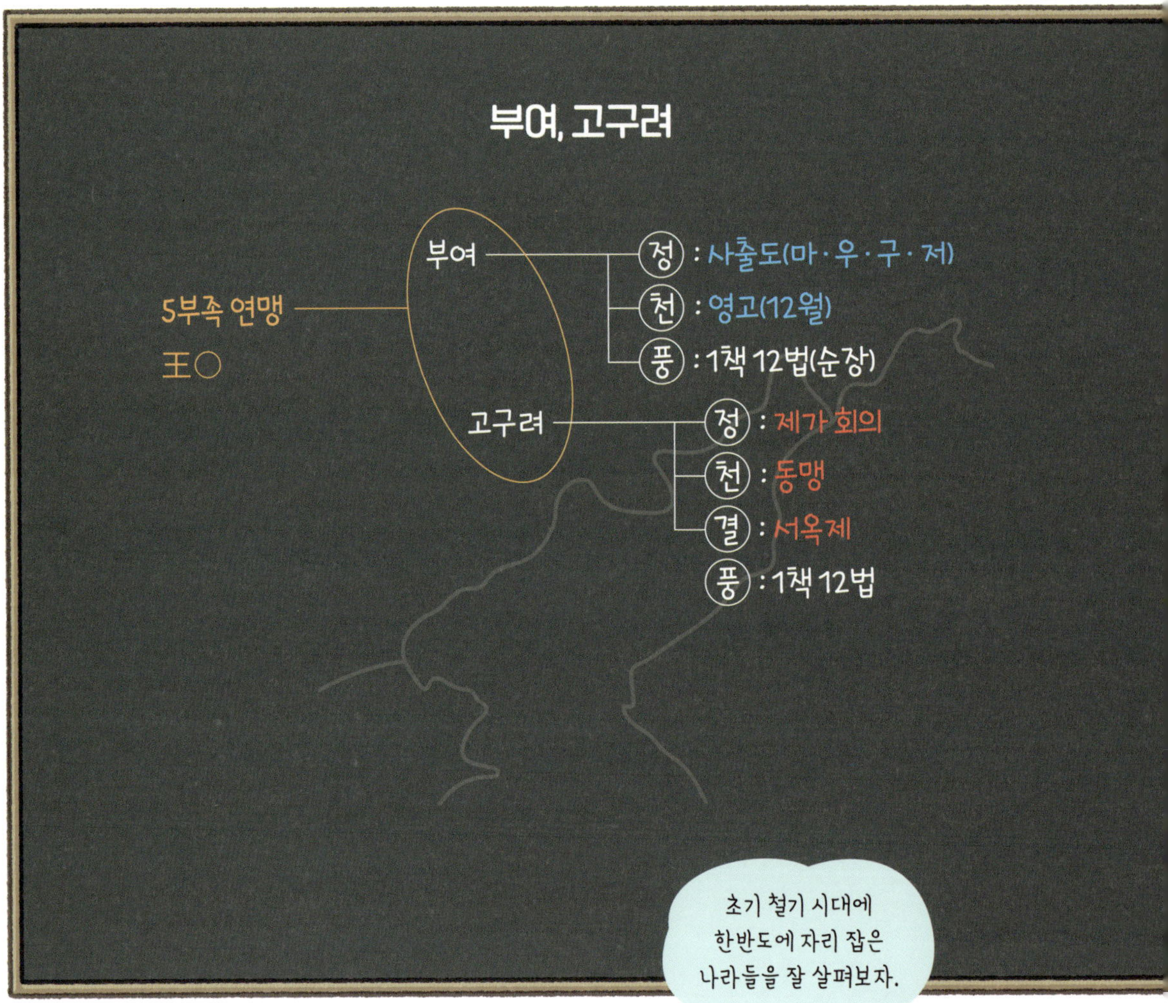

부여, 고구려

5부족 연맹 — 부여
王○

부여
- 정: 사출도(마·우·구·저)
- 천: 영고(12월)
- 풍: 1책 12법(순장)

고구려
- 정: 제가 회의
- 천: 동맹
- 결: 서옥제
- 풍: 1책 12법

> 초기 철기 시대에 한반도에 자리 잡은 나라들을 잘 살펴보자.

연맹 왕국 부여와 고구려는 여러 부족이 연합한 연맹 왕국이었어.
부여의 정치 왕이 중앙을 다스리고 마가·우가·구가·저가가 사출도를 다스렸어.
부여의 제천 행사와 풍습 영고라는 제천 행사를 열었고, 1책 12법과 순장 풍습이 있었어.
고구려의 정치 제가 회의에서 나라의 중요한 일을 결정했어.
고구려의 제천 행사와 풍습 동맹이라는 제천 행사와 서옥제라는 결혼 풍습이 있었어.

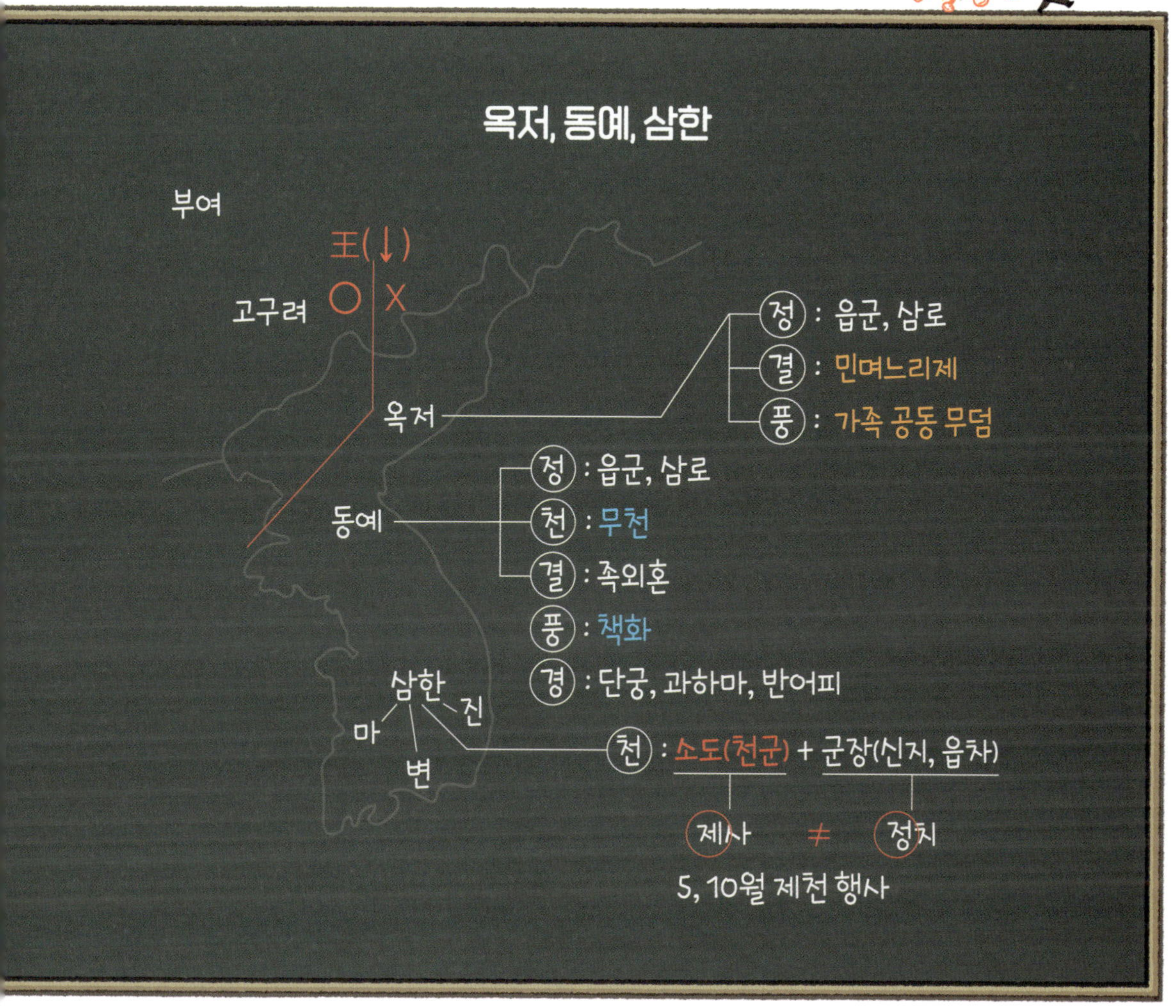

옥저, 동예, 삼한

부여
고구려 ○ 王(↓) ×
옥저 ─ 정: 읍군, 삼로
      결: 민며느리제
      풍: 가족 공동 무덤

동예 ─ 정: 읍군, 삼로
      천: 무천
      결: 족외혼
      풍: 책화
      경: 단궁, 과하마, 반어피

삼한 (마, 변, 진)
     천: 소도(천군) + 군장(신지, 읍차)
         제사 ≠ 정치
     5, 10월 제천 행사

옥저 민며느리제라는 결혼 풍습과 가족 공동 무덤 풍습이 있었어.

동예 무천이라는 제천 행사가 있었어. 같은 씨족끼리는 결혼하지 않는 족외혼 풍습과 책화 풍습이 있었어. 단궁, 과하마, 반어피 등의 특산물이 유명했지.

삼한 마한, 변한, 진한을 삼한이라고 해. 군장이 소국을 다스리고 천군이 소도라는 신성 지역을 다스렸어. 변한에서는 철이 많이 생산되어 수출하기도 했어.

큰★별쌤 별별 퀴즈

1. ★ 안에 들어갈 알맞은 말을 써 볼까요?

- 부여에서는 12월에 ★★ 라는 제천 행사를 열었다.

- 삼한에는 제사장인 ★★ 이 있었다.

- 동예에서는 매년 10월 ★★ 이라는 제천 행사를 열었다.

2. 친구들이 설명하는 나라를 찾아 선으로 연결해 볼까요?

| 마가, 우가, 저가, 구가가 사출도를 다스렸고 도둑질을 하다 잡히면 훔친 물건의 12배로 갚아야 했어.  | • | • | 동예 |

| 민며느리제라는 결혼 풍습이 있었어.  | • | • | 변한 |

| 하늘에 제사를 지내는 무천이라는 제천 행사를 10월에 열었어.  | • | • | 부여 |

| 삼한 중 특히 철이 풍부해서 낙랑과 왜에 수출했어.  | • | • | 옥저 |

3. 다음 지도의 빈칸에 들어갈 알맞은 나라 이름을 모두 골라 볼까요?

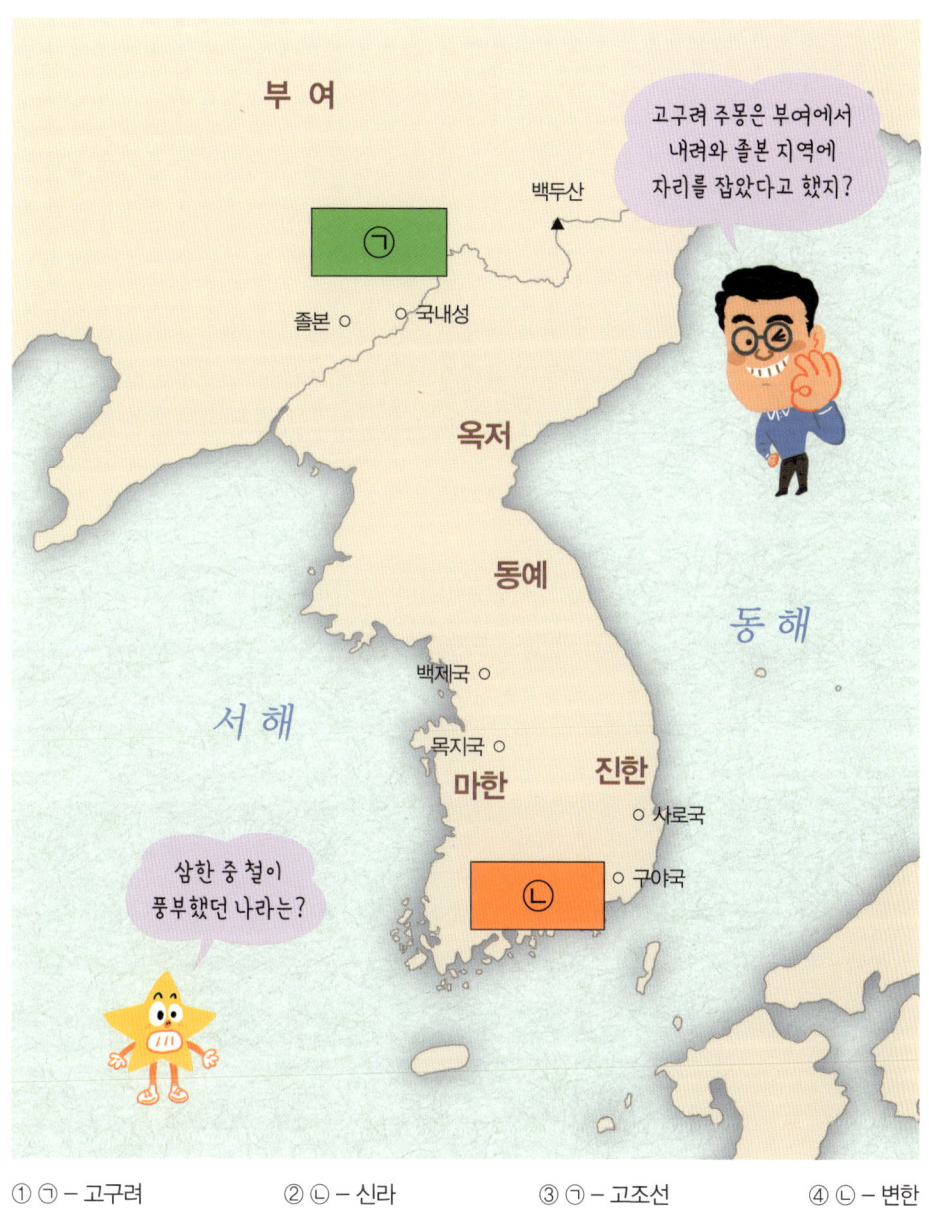

① ㉠ – 고구려　　② ㉡ – 신라　　③ ㉠ – 고조선　　④ ㉡ – 변한

고구려와 백제의 뿌리, 부여의 해부루와 금와왕

고구려를 세운 주몽은 부여에서 내려왔어. 백제 역시 그 기원을 부여에서 찾고 있지. 부여는 잘 알려지지 않았지만 약 기원전 2세기부터 5세기까지 오랫동안 번성했던 나라야. 부여는 농사가 잘되는 땅에 자리 잡고 있어서 경제적으로 풍요로웠고 중국과도 좋은 관계를 유지했어. 만주 지방을 중심으로 번성했지만 4세기 이후 점차 세력이 약해졌고 결국 고구려에게 멸망당하고 말았단다.

고구려에는 장수왕, 광개토 대왕, 을지문덕 등 우리가 알고 있는 인물이 많지? 하지만 부여에 관한 기록은 많지 않아 알려진 인물이 별로 없어. 그나마 남아 있는 기록은 고구려와 관련된 인물이지. 《삼국사기》에 실려 있는 금와왕도 고구려의 주몽과 관련이 있단다.

부여 왕 해부루가 나이가 들도록 아들이 없자 산천에 제사를 지내어 대를 이을 자식을 찾았다. 어느 날 해부루가 탄 말이 곤연이라는 곳을 지나다가 큰 돌을 보고 눈물을 흘렸다. 왕이 이를 이상하게 여겨 사람을 시켜 그 돌을 옮기니 그 자리에 어린 아이가 있었는데 금색 개구리 모양이었다. 왕이 기뻐서 "이는 바로 하늘이 나에게 자식을 준 것이다."라고 말하며 아이를 데려와 키우고 이름을 금와라고 하였고 금와가 장성하자 태자로 삼았다.

금와가 왕이 된 뒤 재상 아란불이 꿈에 천제가 나타나서 '장차 내 자손으로 하여금 이곳에 나라를 세우게 할 것이다. 동해의 물가에 땅이 있는데 이름이 가섭원이라 하고 토양이 기름지고 오곡이 자라기 알맞으니 도읍할 만하다.'라고 말했다고 전했다. 마침내 그곳으로 도읍을 옮기고 나라 이름을 동부여라 하였다.

동부여를 세운 금와왕은 해모수와 사랑에 빠져 쫓겨난 유화를 우연히 발견해 부여로 데려왔어. 유화는 커다란 알 하나를 낳았는데, 거기서 태어난 사내아이가 바로 주몽이야. 비범한 능력을 가진 주몽을 금와왕의 아들과 신하들이 시기해서 죽이려 하자 주몽은 부여를 떠나 고구려를 세웠단다.

　중국의 기록에 따르면 부여 사람은 강하고 용감하며, 말과 행동을 조심하고 성품이 어질어 도둑질을 하지 않았다고 해. 또 흰색을 숭상하여 흰옷을 즐겨 입었다고 전해져. 부여에 대해 알수록 흥미롭지? 우리 역사의 한 부분인 부여를 꼭 기억하자.

도전! 한국사능력검정시험

★ 초급 35회 3번
1. 다음 가상 광고에 해당하는 나라에 대한 설명으로 옳은 것은?

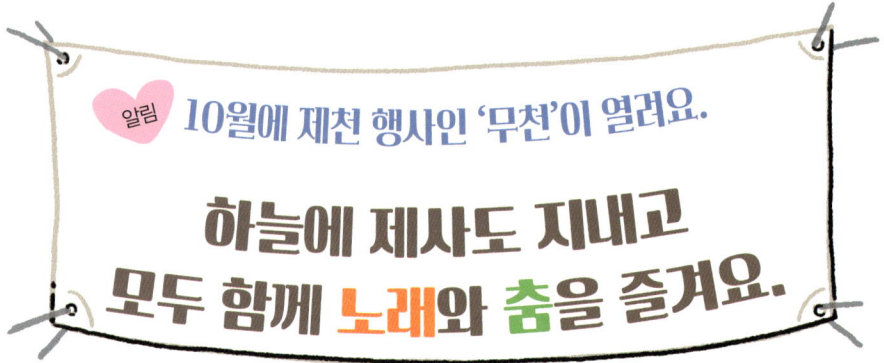

① 사출도가 있었다.
② 주몽이 건국하였다.
③ 책화라는 풍습이 있었다.
④ 신라의 침입으로 멸망하였다.

★ 초급 45회 2번
2. (가) 나라에 대한 설명으로 옳은 것은?

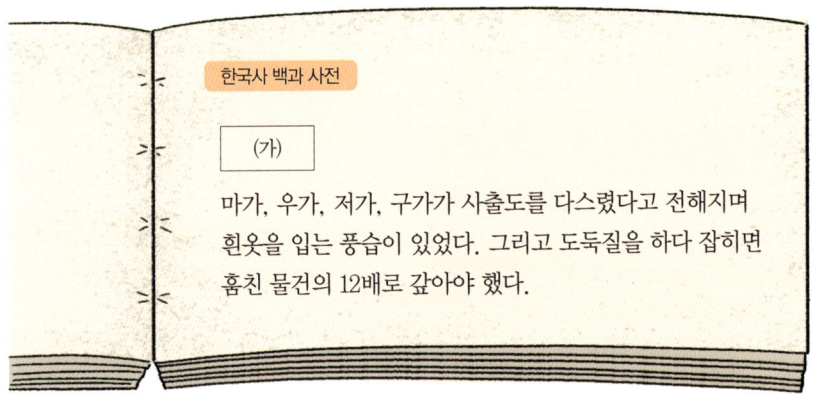

① 한의 침입으로 멸망하였다.
② 소도라는 신성 지역이 있었다.
③ 영고라는 제천 행사를 열었다.
④ 화랑도를 국가 조직으로 운영하였다.

★★★ 기본 47회 3번
3. 밑줄 그은 '이 나라'에 대한 설명으로 옳은 것은?

① 범금 8조로 백성을 다스렸다.
② 영고라는 제천 행사를 열었다.
③ 서옥제라는 혼인 풍습이 있었다.
④ 신지, 읍차 등의 지배자가 있었다.

★★★ 기본 48회 3번
4. 다음 자료에 해당하는 나라를 지도에서 옳게 고른 것은?

이 나라에서는 여자가 열 살이 되기 전에 혼인을 약속하고, 신랑 집에서는 여자를 데려와 기른 후 성인이 되면 신부 집에 대가를 주고 며느리로 삼는 풍속이 있었다. 또한 가족이 죽으면 뼈만 추려 보관하는 장례 풍습이 있었다.

① (가) ② (나) ③ (다) ④ (라)

1

22-23p 큰★별쌤 별별 퀴즈
1. 뗀 / 이동 / 동굴 / 주먹
2. ③ ④ ⑤
3. ○ × ○ ×
4.

26-27p 도전! 한국사능력검정시험
1. 초급 25회 1번 ③
2. 초급 43회 1번 ①
3. 초급 45회 1번 ④
4. 중급 44회 1번 ⑤

2

42-43p 큰★별쌤 별별 퀴즈
1. 간 / 가락바퀴
2.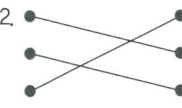
3. ②

46-47p 도전! 한국사능력검정시험
1. 초급 41회 1번 ③
2. 초급 44회 1번 ①
3. 중급 43회 1번 ①
4. 기본 47회 1번 ②

3

62-63p 큰★별쌤 별별 퀴즈
1. 청동 / 반달 / 민무늬 / 고인돌
2.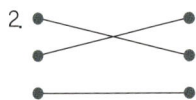
3. × ○ × ○
4. ①

66-67p 도전! 한국사능력검정시험
1. 초급 38회 1번 ①
2. 초급 46회 1번 ④
3. 중급 46회 1회 ③
4. 기본 48회 1번 ②

4

82-83p 큰★별쌤 별별 퀴즈
1. 고조선 / 비파형 / 8
2. ㄴ → ㄷ → ㄱ → ㄹ
3. ○ ○ ○
4. ④

86-87p 도전! 한국사능력검정시험
1. 초급 36회 2번 ①
2. 초급 41회 2번 ④
3. 초급 44회 3번 ①
4. 기본 48회 2번 ①

5

96-97p 큰★별쌤 별별 퀴즈
1. 영고 / 천군 / 무천
2.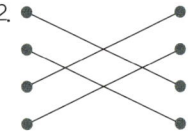
3. ① ④

100-101p 도전! 한국사능력검정시험
1. 초급 35회 3번 ③
2. 초급 45회 2번 ③
3. 기본 47회 3번 ④
4. 기본 48회 3번 ③

찾아보기

1책 12법 90-91
8조법 74-75

ㄱ
가락바퀴 36
간석기 31
계급의 발생 56, 73, 75
고구려 85, 89, 91
고인돌 58-59
고조선 68, 70, 73, 75, 79
구석기 시대 11-12

ㄴ, ㄷ
농경의 시작 30

단군왕검 70-71, 74, 93
동굴 17
동예 85, 89, 92
뗀석기 12, 14

ㄹ, ㅁ
루시 24-25

마한 89, 93
무리 사회 16
민며느리제 92
민무늬 토기 54

ㅂ
반달 돌칼 51
벼농사 52, 93
변한 89, 93
부여 85, 89-90, 98-99
불의 사용 18
비파형 동검 56, 69
빗살무늬 토기 34-35, 54
뼈바늘 36-37

ㅅ
서옥제 91
세형 동검 56, 69
소도 93
순장 90
신석기 혁명 30
씨족 45, 73, 92

ㅇ
연맹 왕국 90-91
영고 90
오스트랄로피테쿠스 아파렌시스 11-12
옥저 85, 89, 92
움집 38-39
위만 78, 84
이동 생활 17

ㅈ
제정일치 사회 74, 93
주먹도끼 15
준왕 78, 84
중계 무역 78-79, 84
지배자 56-58, 73, 76
진한 89, 93

ㅊ, ㅎ
채집 30
책화 92
철기 76, 78-79, 88
청동 거울 57
청동 방울 57
청동기 49-50, 57, 64-65, 76, 79

화석 24-25

사진 제공

국립중앙박물관
긁개, 슴베찌르개, 주먹도끼 · 14
좀돌날 · 15
돌괭이, 돌보습 · 31
이음 낚싯바늘, 그물추, 돌 화살촉 · 32
갈돌과 갈판 · 33
빗살무늬 토기 · 35
뼈바늘, 가락바퀴 · 36
반달 돌칼, 농경문 청동기 · 51
민무늬 토기 · 55
청동 거울, 청동 방울 · 56
한반도의 철기 · 77
명도전 · 79

국립청주박물관
가락바퀴 · 36

문화재청
금굴 유적 · 17

Shutterstock
라스코 동굴 벽화 · 17

게티이미지코리아
알타미라 동굴 벽화 · 17
바둑판식 고인돌, 탁자식 고인돌 · 59

*이 책에 수록된 사진은 박물관과 저작권자의 허가를 받아 사용했습니다.
*이 책에 수록된 사진 중 출처가 불명확하여 허가를 받지 못한 일부 사진에 대해서는 저작권자가 확인되는 대로 게재 허락을 받고 사용료를 지불하겠습니다.